Régine SAINT-ARNAULD

GUIDE DU FENG SHUI

MARABOUT

Du même auteur chez Marabout :

— *L'abc du Zodiaque* (nº 2325).
— *L'abc de la Voyance* (nº 2342).
— *Votre avenir par le Yi King* (nº 2348).
— *Astrologie et érotisme au masculin* (nº 2355).
— *Astrologie et érotisme au féminin* (nº 2356).

Adresses sur INTERNET :

RegineSaintArnauld@compuserve.com
ou 113004.2313@compuserve.com

SOMMAIRE

Première partie :

le Feng Shui expliqué

Introduction

LE FENG SHUI
QU'EST-CE QUE C'EST ?

Bâtir sa maison sur un site à bonne énergie, disposer son lit au meilleur endroit pour un sommeil idéal, attirer la richesse en disposant dans sa demeure la figurine d'un dieu symbolisant l'argent, favoriser la fécondité avec la statuette d'une déesse la personnifiant, tout comme offrir des roses rouges en déclarant son amour sont autant de recettes « miracles » qui développent l'harmonie mais c'est aussi et déjà employer la science du Feng Shui.

Le Feng Shui — qui est l'art de vivre en harmonie avec son environnement — retrouve aujourd'hui tout son sens dans un monde heurté par les machines et le stress, saturé de polémique et d'agressivité.

Quand on sait que son étude est fondée sur une observation rigoureuse de la nature et que l'homme fait précisément partie de cette nature, cette ancienne doctrine chinoise revient au goût du jour et connaît une renaissance spectaculaire dans son pays d'origine, pénètre Hong-Kong, Taiwan et Singapour entre autres, pour arriver enfin à notre porte…

Êtes-vous déjà sensibilisé à la technique du Feng Shui ?

En Occident, avec notre échelle individuelle de valeur esthétique, nous sommes tout aussi sensibles à l'harmonie. Évoluer dans un environnement esthétique, nous entourer du «beau» nous permettent de vivre mieux, dans une sorte de béatitude absolue, d'amour et de félicité. Par exemple, promenez-vous tôt le matin sur les Champs-Élysées (avant que les voitures n'envahissent la chaussée), tournez vos yeux de la Concorde à l'Arc de Triomphe et admirez... un moment de bonheur vous saisira devant la perfection des proportions et la majesté de l'avenue et des monuments existants... et la sensation de bien-être se prolongera.

Autre exemple tout aussi éloquent : vous mettez le pied hors de votre lit et tombez nez à nez avec la vaisselle de la veille trempant dans l'évier; quel écœurement! En revanche, si vous sortez de votre chambre encore ensommeillé en embrassant du regard un superbe bouquet de fleurs fraîchement coupées, vous restez émerveillé pour le restant de la journée...

D'une autre façon, lorsqu'il pleut, le temps gris incline à la neurasthénie tandis qu'un soleil éclatant fait entrer la gaieté dans notre existence.

Enfin, il est évident que s'entourer de beauté permet à l'individu d'évoluer positivement, d'améliorer son humeur, tandis que vivre au milieu de la désolation pousse à la franche morosité ou au chagrin.

Un courant harmonieux

Le Feng Shui nous enseigne à reconnaître et à manier la bonne ou mauvaise nature des influences de ce qui nous entoure. Son influence évidente peut mener tout type d'individu au succès. On l'utilisera pour améliorer sa vie professionnelle et familiale, ses relations personnelles et sa santé, en appliquant simplement quelques règles de base...

Le Feng Shui, avec sa combinaison de symbolisme, de

mysticisme, d'astrologie, de tradition et de bon sens, est avant tout une sagesse complexe fondée sur la circulation dynamique de l'énergie dans l'univers…

C'est aussi pour cette raison que, dans un domaine parallèle, la musicothérapie — qui utilise l'influence de la musique — et la chromothérapie — exploitant le pouvoir des couleurs qui agissent sur notre vie — connaissent un succès grandissant, même pour soigner nos maux les plus courants.

D'ailleurs, la médecine bouddhique tibétaine (faisant elle aussi référence aux éléments : la terre, l'eau, le feu, l'espace et l'air qui sont les constituants de l'Univers se réfléchissant dans l'Homme) détermine qu'une maladie peut survenir, bien sûr d'une mauvaise alimentation ou d'un surmenage, mais aussi d'un manque d'harmonie certain avec l'environnement.

Tout a tendance à converger : l'harmonie est indispensable à notre vie, allons la rechercher !

Sa traduction littérale

Feng Shui veut dire *« Vent-Eau »*. Nous discernons à travers ces termes une forte notion de mouvement, de changement et d'action.

Sa définition

L'art du Feng Shui est en quelque sorte un mode d'emploi des forces telluriques, l'application de l'influence des lignes, des formes, de l'espace et leurs énergies, un usage subtil des éléments, du yin et du yang et des vibrations de l'Univers.

Les principes essentiels du Feng Shui

LE YIN ET LE YANG

Deux énergies contraires

Selon la tradition chinoise, deux forces cosmiques complémentaires et de même valeur régissent l'univers : le yin et le yang. Cette croyance franchit de plus en plus nos frontières et s'insinue doucement dans nos références sociales et culturelles ; il n'y a pas de yang sans le yin et vice versa. Leur interaction est permanente, comme le positif et le négatif, le pair et l'impair, le bien et le mal, le ciel et la terre, le masculin et le féminin, le chaud et le froid, la nuit et le jour, l'obscurité et la lumière…

Le yin-yang, expression du dualisme et du complémentarisme universel, se présente comme différent à n'importe quel moment ou dans n'importe quel aspect de la vie.

La complémentarité

L'homme n'existe pas sans la femme et la femme n'existe pas sans l'homme à l'instar du soleil et de la lune. Des cataclysmes se produiraient sur terre si l'un de ces deux astres venait à disparaître. Yin et yang sont inséparables et n'existent que l'un par rapport à l'autre.

Le Tao

L'équilibre du yin et du yang est appelé le Tao (la Voie). C'est « le » principe d'harmonie. Il en est de même dans notre corps : lorsque ces deux énergies sont équilibrées, nous sommes en bonne santé mais lorsque l'équilibre est rompu, lorsqu'une de ces deux forces vient à s'affaiblir, survient la maladie, alors que l'équilibre crée l'harmonie et l'harmonie entraîne la chance.

L'harmonie

Les polarités yin et yang, comme la tristesse et la joie, l'immobilité et le mouvement, l'humidité et la sécheresse, la mort et la vie, le noir et le blanc, tendent à être domptées pour connaître ensemble l'harmonie ; ce rapport d'équilibre concrétise l'orientation du Feng Shui.

Un réglage

Comme un moteur qui tourne irrégulièrement — « sur trois pattes » — a besoin de l'assistance du garagiste, une énergie yin peut être transformée en une force yang grâce à l'intervention d'un maître en Feng Shui afin que l'être humain ne subisse pas les influences néfastes d'un excès, d'un déséquilibre ou d'un dérèglement.

L'évolution

Ces deux contraires, le yin et le yang, ne s'opposent jamais vraiment parce qu'il y a toujours entre eux la possibilité d'une mutation qui amène une continuité : un être, ou une période, ou une région, sont tantôt yin, tantôt yang, suivant qu'ils sont bons ou mauvais, clairs ou sombres, ouverts ou fermés, etc., avec leur double possibilité d'évolution et d'involution. Un perpétuel mouvement les fait changer de place et leur alternance rythme le monde.

YIN-YANG, LEURS PROPRIÉTÉS

YIN	YANG
le féminin	le masculin
le passif	l'actif
la nuit	le jour
l'hiver	l'été
le froid	la chaleur
le pair	l'impair
la terre	le ciel
la lune	le soleil
l'obscurité	la lumière
le négatif	le positif
le mal	le bien
le noir	le blanc
la mort	la vie
le repos	l'activité
l'immobilité	le mouvement
l'humidité	la sécheresse
la tristesse	la gaieté
le doux	le dur
le faible	le fort
la droite	la gauche
la plaine	la montagne
le tigre…	le dragon…

Le yin et le yang permutent continuellement et provoquent des changements : on passe sans cesse du chaud au froid, de l'été à l'hiver, du jour à la nuit… Une force disparaît devant l'arrivée de l'autre force.

Le symbolisme

Telle la formule kabbalistique *« Le Ciel et la Terre étaient attachés l'un à l'autre et s'étreignaient mutuellement »*, l'emblème du yin-yang se présente par un cercle divisé en deux parties égales par une ligne sinueuse à la forme d'un S ; une partie est noire (yin), l'autre est blanche (yang). La dépendance réciproque des deux moitiés est démontrée par le principe yin qui contient du yang en lui (un point blanc) et le principe yang qui contient du yin en lui (un point noir). Le contour de chaque moitié est égal au périmètre de la figure.

Deux contraires s'entrelacent pour former une unité.

Le yin, le yang et le Feng Shui

À l'évidence, les forces en harmonie apportent la chance ; la malchance survient là où il y a déséquilibre, et obtenir un bon Feng Shui consiste à harmoniser les éléments yin et yang partout où ils se présentent dans notre environnement, dans notre vie, c'est-à-dire là où nous demeurons, travaillons, dormons, mangeons. Rien n'est éternel, la chance est fluctuante, il existe une loi des cycles. Un proverbe l'exprime bien : *« Après la pluie, le beau temps… »*

La pratique du Feng Shui doit perpétuellement s'adapter aux nouvelles conditions puisque tout se modifie ou s'altère, que l'être humain ou qu'un phénomène naturel en soient ou non responsables.

Le yin, le yang et le paysage

Un arbre qui pousse, un building qui sort de terre, résument la notion de progrès qui peut affecter un équilibre existant. Le développement touchant notre environnement peut engendrer des perturbations que l'on ne saura ignorer.

La nature ou les structures artificielles créent un paysage, constituent des formes topographiques qui déversent des énergies yin ou yang selon leur assemblage. Ces forces doivent être en équilibre afin que le site apporte abondance et bonheur. Pour qu'un lieu soit parfait, il doit y avoir des monts, des vallées et un cours d'eau, un côté qui reçoit la lumière et un côté ombragé.

Et si l'on ne peut résider dans ce type de panorama idéal, le Feng Shui offre des suggestions pour améliorer toute autre situation…

Les animaux célestes

Le bestiaire céleste

Autrefois, les formes topographiques étaient comparées et apparentées aux animaux mythiques comme le dragon et le tigre, la tortue et le phénix.

Le plus fort

Le DRAGON est le symbole principal du Feng Shui ; il représente la force, la créativité et le pouvoir. Il est yang. Utilisé comme motif décoratif, il a pour fonction de chasser les démons. Le dragon tout-puissant, d'après les Anciens, ferait la pluie et le beau temps en fonction de ses changements d'humeur. Il véhicule la chance.

Le plus féroce

Le TIGRE représente l'énergie et le principe actif. Sa vitalité fit de lui un animal yang de l'est, mais les tigres blancs furent associés au yin et à l'ouest.

Le plus résistant

La TORTUE, sans doute parce qu'elle a un rapport direct avec l'élément eau, est associée au nord et à l'hiver, ainsi qu'à la lune et à ses phases.

L'immortel

Le PHÉNIX, qui ressemble à un héron, est un oiseau mythique d'une splendeur extraordinaire, doué d'une très grande longévité et qui a le pouvoir, après s'être consumé sur un bûcher, de renaître de ses cendres. Emblématiquement, il correspond au sud, à l'été, à la couleur rouge, et au feu. Il est en rapport avec le soleil et la vie, ainsi que l'immortalité.

Pour une bonne localisation

Ces animaux — dans le langage symbolique Feng Shui — caractérisent les collines et les profils topographiques. En fonction du vallonnement, des étendues d'eau, de la lumière et de la richesse du terrain, entre autres, les adeptes du Feng Shui décèlent la présence du tigre ou du dragon, du phénix ou de la tortue.

Pour qu'un site soit favorable, il faut repérer l'existence du dragon vert et y identifier le concours de son essentiel acolyte, le tigre blanc.

Le chi

Qu'est-ce que le chi ?

Les adeptes du yoga connaissent déjà le chi puisque c'est ce que les Chinois appellent le *Prâna*, c'est-à-dire le Souffle, qui circule dans le corps grâce à certaines de leurs techniques yogi.

En Occident, il est appelé le corps éthérique ou le corps fluidique. L'éther, pour nos poètes, évoque l'air — comme ici, Lamartine : *« L'harmonieux éther, dans ses vagues d'azur, Enveloppe les monts d'un fluide plus pur »* — ou, pour un monde ancien et plus scientifique, il représentait un fluide remplissant un vide pour propager des ondes lumineuses. Paul Valéry le définissait alors d'*espace ondulatoire*. L'éther était aussi, pour nos ancêtres, un fluide subtil qui régnait au-dessus de l'atmosphère.

Autour du chi, deux écoles s'opposent : le premier courant de pensée — les matérialistes — affirme que le chi est à l'origine de la vie, le second — les idéalistes — enseigne que le chi est purement spirituel.

En fait, cette énergie, l'éther, le Prâna ou le chi (ki pour les Japonais), à notre époque, se nomme une onde et cette onde donne toute forme de vie… Ce souffle de vie, les Grecs l'ont nommé *pneuma*.

Le Feng Shui conclut que le chi est bien la genèse de tout, qu'il est mouvant et se transforme continuellement comme le « vent et l'eau ».

« Du souffle de l'homme cosmique naquit le vent. »

Ath-Veda XI-4-15

Que faire du chi ?

Cette énergie, ou cette vibration — qui circule à l'intérieur ou à l'extérieur de la terre —, doit être saisie et utilisée positivement pour jouir des avantages qu'elle peut offrir. Si le chi est dispersé, il ne sert à rien et la chance disparaît. S'il est emmagasiné, il devient favorable ; il ne faut pas le laisser stagner au risque de le voir s'amoindrir ou se vicier. Un expert en Feng Shui peut rééquilibrer un mauvais chi. Des lignes d'énergie activant un chi maintenu nous apportent alors la réussite et la richesse.

Le chi et le yoga

La pratique du yoga donne grande importance au souffle pour la plénitude de l'âme et du corps. Ce chi qui circule dans notre corps est similaire à celui qui se meut dans notre alentour.

Dans notre corps, le chi pénètre par des portes disposées le long de la colonne vertébrale — portes que nous nommons *chakras* et qui s'ouvrent grâce à la méditation. Le chi y pénètre et, par ses qualités magnétiques, permet à l'homme de recevoir et de retransmettre toutes les vibrations du cosmos. L'homme devient alors une véritable antenne qui, grâce au Feng Shui, peut discerner le lieu idéal — où il se sentira au mieux — pour que se produise l'alchimie lui procurant la félicité.

L'esprit du dragon

La symbolique du Feng Shui tourne principalement autour du dragon, animal mythique ; son esprit — ou son souffle — agit sur les forces immatérielles qui nous entourent, entraînant de bonnes ou de moins bonnes destinées. Il est dit que ses humeurs varient, et qu'il peut ainsi provoquer des cataclysmes.

Faire la différence

Il existe un chi yang et un chi yin, un chi vivant et un chi mort. Pour éviter l'infortune, il faut suivre le chi vivant et délaisser le chi mort. Il est toutefois bon de rappeler qu'un expert en Feng Shui peut réguler le chi qui nous entoure.

LES CINQ ÉLÉMENTS

En Occident

Toute chose, en effet, relève du yin et du yang. Les qualités qui leur sont attribuées, comme le chaud et le froid, l'actif et le passif, le sec et l'humide, combinées entre elles, donnent naissance aux quatre éléments associés aux quatre points cardinaux : la terre (sec et froid), le feu (sec et chaud), l'eau (humide et froid) et l'air (humide et chaud). Cinq éléments appartiennent au monde visible : la terre, le feu, le bois, le métal et l'eau.

En Orient

Dans la Chine ancienne, tout est élaboré à partir des deux principes fondamentaux du yin et du yang qui donnent naissance à cinq points cardinaux, le cinquième point se situant au centre. Les Chinois, selon la loi du changement permanent et des transformations incessantes, attribuent aux cinq éléments dont se compose le mode visible : le bois, le feu, la terre, le métal et l'eau, une importance qui s'impose dans l'art du Feng Shui. L'air est un élément absent de ce système.

Ces éléments s'engendrent et s'anéantissent mutuellement : l'eau fait pousser le bois mais éteint le feu, le feu produit des cendres qui deviennent terre mais il fait fondre le métal, le métal chauffé dégage de la vapeur donnant naissance à l'eau mais combat le bois lorsqu'il est devenu hache ou scie, le bois nourrit le feu mais appauvrit la terre en absorbant ses substances nourricières, la terre produit le métal mais absorbe l'eau. Engendrement et destruction des éléments les uns par les autres qui se représentent par un cercle pour le cycle de génération et par une étoile pour le cycle d'extinction.

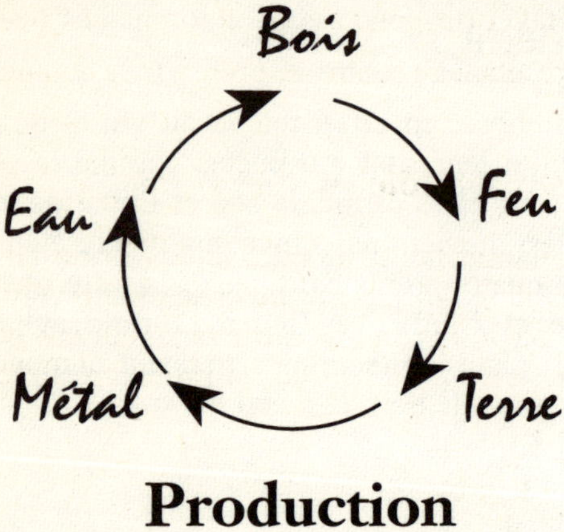

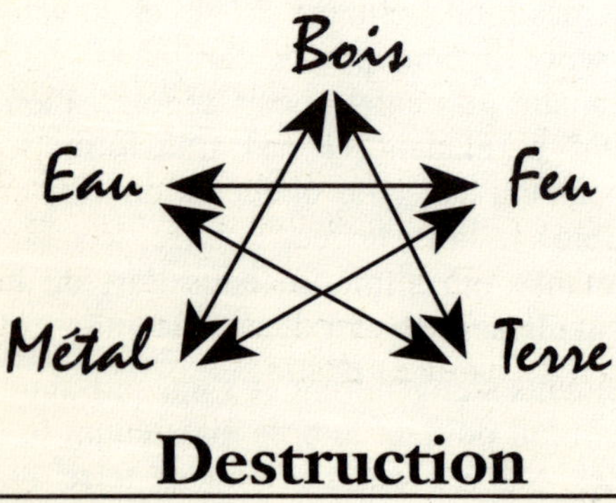

Les Chinois les font correspondre aux cinq premiers chiffres : 1, 2, 3, 4, 5.

Les correspondances

L'eau correspond à l'hiver et au nord.

Le feu correspond à l'été et au sud.

Le bois est en corrélation avec le printemps et l'est.

Le métal correspond avec l'automne et l'ouest.

La terre, étant au centre, se prête à tous les autres points.

À chacun son rôle

L'eau humidifie et inonde, le feu brûle en s'élevant vers le haut, le bois se courbe et se plante verticalement, le métal obéit aux mains qui le manipulent et se laisse travailler, la terre est cultivée et produit des récoltes.

Guerre et paix

Si des éléments s'entendent parce qu'ils se complètent, s'entraident dans leur fonction, comme le bois a besoin de l'eau pour croître, d'autres ne peuvent se supporter parce qu'ils se détruisent. Par exemple, le bois ne pourra souffrir le métal parce que le métal peut fendre le bois. À son tour, l'eau n'aimera pas la terre parce qu'elle forme des rives ou des amas qui l'empêchent de couler. Alors, de tels éléments deviennent adversaires…

Ces éléments mis en présence les uns des autres peuvent créer un bon ou un mauvais Feng Shui qui engendrera un bon ou mauvais destin.

La pratique

Si vous êtes né dans une année de feu, il est préférable d'éviter la vie en bord de mer, d'avoir une piscine ou trop d'aquariums sous votre toit puisque l'eau éteint le feu. Vous devrez éviter les couleurs bleu et noir (de la couleur de l'eau) mais vous pourrez installer une serre (puisque le bois produit le feu) et la couleur verte (en analogie avec l'élément bois) vous sera favorable.

Il en est de même pour un constructeur d'appareils frigorifiques (en analogie avec l'élément eau) qui doit éviter de s'installer à côté d'un fabricant de chaussures (en analogie avec l'élément terre) parce que la terre endigue ou réfrène le cours de l'eau ; le producteur de froid ne pourrait alors développer convenablement son activité mais il doit se placer dans l'entourage d'un bijoutier (en analogie avec l'élément métal) puisque le métal engendre l'eau. En revanche, un ébéniste — ou un commerce de meubles — fera fortune à ses côtés vu que le bois se développe grâce à l'eau…

Les corrélations

Ces cinq éléments ont des correspondances avec le temps, l'espace et tout ce qui est sur terre. Les Chinois leur ont attribué un animal, une couleur, une note de musique, une saison, un sentiment, un viscère, un métier, etc. Ainsi, les traits de caractère suivants sont pour le Bois : l'amabilité ; pour le Feu : la politesse ; pour la Terre : la crédibilité ; pour le Métal : le courage ; pour l'Eau : l'intelligence.

En fonction des différentes « écoles », il est possible de trouver certaines variantes dans les correspondances que nous trouvons ordinairement.

Dans le tableau ci-contre est résumé l'essentiel de ces corrélations.

ÉLÉMENT	BOIS	FEU	TERRE	MÉTAL	EAU
NOMBRE	le 3 et le 8	le 2 et le 7	le 5	le 4 et le 9	le 1 et le 6
TEMPS	vent	chaleur	humidité	sécheresse	froid
ODEUR	rance	brûlé	parfumé	âcre	putride
COULEUR	vert	rouge	jaune	blanc, métal	noir
SAVEUR	aigre	amer	doux	piquant	salé
SAISON	printemps	été	5e saison	automne	hiver
DIRECTION	est	sud	centre	ouest	nord
ÉNERGIE	jeune yang	vieux yang	équilibre	jeune yin	vieux yin
ORGANE	foie	cœur	rate	poumon	reins
ENTRAILLES	vésicule	intestin grêle	estomac	gros intestin	vessie
CORPS	muscles	vaisseaux	chair	peau	os
SENS	vue	toucher	goût	odorat	ouïe
SENTIMENT	colère	joie	amour	tristesse	peur
VERTU	savoir	ordre	sainteté	entente	gravité
NOTE DE MUSIQUE	do	la	mi	ré	sol
VÉGÉTAL	blé	riz	orge, millet	avoine	haricot, soja
ANIMAL	volaille, chien	mouton	bœuf	cheval	porc
PLANÈTE	Jupiter	Mars	Saturne	Vénus	Mercure
MÉTAL	étain	fer	plomb	or	mercure
JOYAU	turquoise	rubis	topaze	saphir	émeraude

Le Yi King

Une pratique divinatoire

Le *Yi King* ou *I Ching* est un écrit qui date d'à peu près 1000 av. J.-C. On l'interroge en lançant des pièces ou en manipulant des baguettes d'achillée. Avec une énonciation de sentences, il oriente l'individu vers son devenir. Toutefois, dans l'idée de l'immanence des choses, voire l'unité et la multiplicité, le repos et le mouvement, une importance philosophique se dégage de ce *Livre des Mutations* chinois.

Un livre d'images

À l'origine, les Anciens utilisaient des carapaces de tortue, les chauffaient, et étudiaient — à des fins prophétiques — les entailles et les craquelures formées, et qui, reproduites graphiquement, approchent le procédé actuel de lignes pleines ou brisées.

Une ligne pleine ▬ représente l'élément masculin (yang), une ligne brisée ▬ ▬, l'élément féminin (yin).

Un ensemble de trois lignes continues, discontinues, ou continues et discontinues, composent un trigramme ; en multipliant les possibilités de leur assemblage, on obtient huit trigrammes ; ils représentent le *ciel*, la *terre*, le *tonnerre*, le *vent*, l'*eau*, le *feu*, la *montagne* et le *lac*.

La rencontre de deux trigrammes crée un hexagramme. L'ensemble de toutes leurs combinaisons en rassemble

64, 64 hexagrammes qui contiennent, comme des symboles ou des images, la diversité du monde et de ses mutations.

Livre de magie, ou livre de divination ou de sagesse, le Yi King ou *Livre des Mutations* est considéré comme l'un des livres les plus importants de la littérature mondiale.

Le trigramme

La figure composée de trois lignes superposées, pleines, brisées, ou pleines et brisées, évoque la terre (ligne du bas), l'homme (ligne du milieu) et le ciel (ligne du bas). Chaque trigramme a des sens et des symboles variés, une direction qui lui est attribuée et symbolise un membre d'une famille.

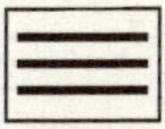

K'IEN : LE CRÉATEUR

Trois lignes continues ; le trigramme K'ien est yang. Il est le père, le ciel, le chef de famille ou le patriarche. Son animal symbolique est le cheval, sa direction le nord-ouest, son chiffre : le 6. Il est fort, énergique et persévérant.

K'OUEN : LE RÉCEPTIF

Trois lignes brisées ; le trigramme K'ouen est yin. Il est la mère, la terre, la fécondité. Son animal symbolique est la vache, sa direction le sud-ouest, son chiffre : le 2. Il est abandonné, soumis, complémentaire à K'ien qui doit « l'animer » afin qu'il réalise son potentiel.

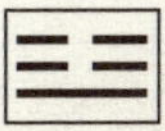

TCHEN : L'ÉVEILLEUR

Deux lignes brisées (yin) au-dessus d'une ligne pleine (yang) ; le trigramme Tchen est le fils aîné, le tonnerre. Son animal symbolique est le dragon, sa direction est l'est, son chiffre : le 3. Il est le mouvement, l'ébranlement.

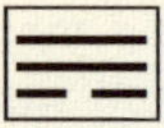

SOUEN : LE DOUX

Deux traits pleins (yang) au-dessus d'une ligne discontinue (yin) ; le trigramme Souen est la fille aînée, le vent, son animal symbolique est le coq, sa direction est le sud-est, son chiffre : le 4. Il est pénétrant.

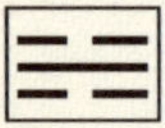

K'AN : L'INSONDABLE

Un trait plein (yang) entre deux traits brisés (yin) ; le trigramme K'an est le second fils, l'eau, son animal symbolique est le porc, sa direction est le nord, son chiffre : le 1. Il est dangereux.

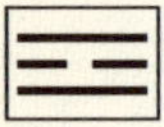

LI : CE QUI S'ATTACHE

Un trait discontinu (yin) entre deux traits continus (yang) ; le trigramme Li est la seconde fille, la clarté, son animal symbolique est le faisan, sa direction est le sud, son chiffre : le 9. Il est faible à l'intérieur et évoque la dépendance.

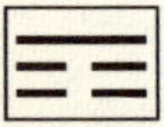

KEN : L'IMMOBILISATION

Une ligne continue (yang) au-dessus de deux lignes brisées (yin) ; le trigramme Ken est le 3ᵉ fils, la montagne, son animal symbolique est le chien, sa direction est le nord-est, son chiffre : le 8. Il est ferme et solide. Il signifie l'arrêt.

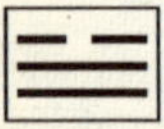

TOUEI : LE JOYEUX

Une ligne brisée (yin) au-dessus de deux lignes pleines (yang) ; le trigramme Touei est la 3ᵉ fille, le lac, son animal symbolique : le mouton, sa direction : l'ouest, son chiffre : le 7. Il est serein et évoque le plaisir.

Le ciel antérieur ou le ciel postérieur

Selon la rose des vents (à la différence que les Chinois placent le sud en haut), les huit trigrammes, en fonction de leurs pouvoirs mis en rapport et dans une relation d'équilibre, se placent dans une succession nommée « ordre du ciel antérieur ou ordre antérieur au monde » (fig. 1).

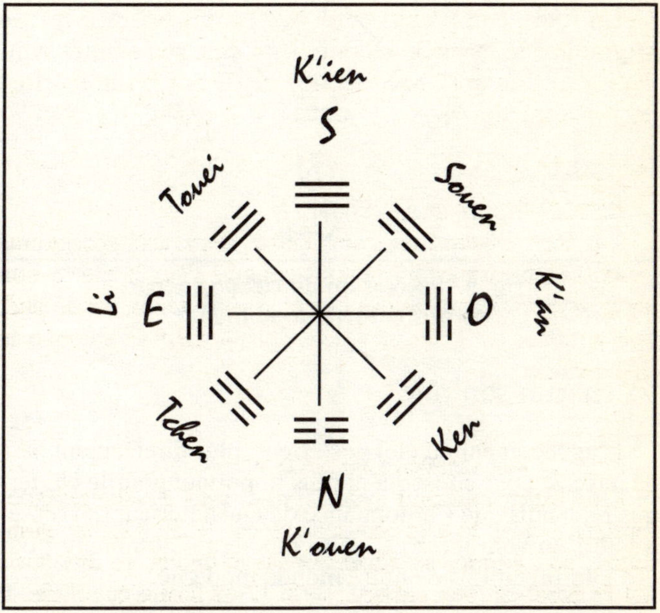

Fig. 1. Ciel antérieur ou ordre antérieur au monde.

Une autre succession des huit trigrammes appelée « ordre du ciel postérieur ou ordre intérieur au monde » (fig. 2), présentée par couples d'opposition et classée en fonction de leur suite d'apparition dans l'année, affiche une modification importante par rapport à la précédente.

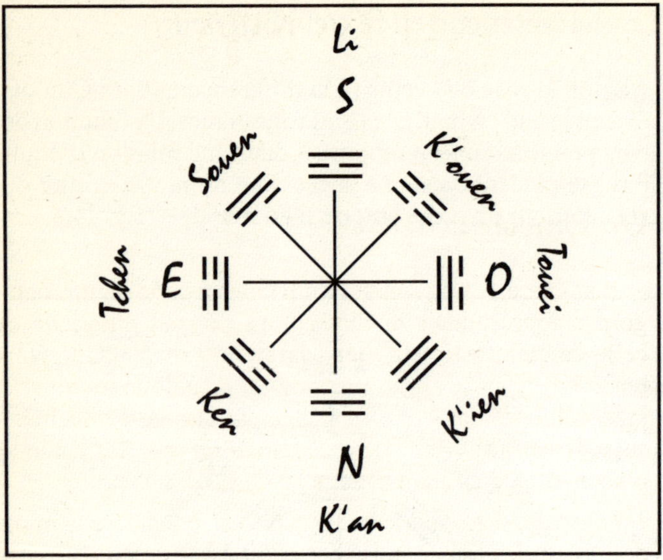

Fig. 2. Succession du ciel postérieur ou ordre intérieur au monde.

À chacun son rôle

L'agencement du ciel postérieur, plus directement lié à la terre, est par conséquent plus important pour le chi terrestre, tandis que l'ordonnance du ciel antérieur qui représente l'univers idéal est celui qui sera déterminant pour les interprétations de notre monde moderne.

Créer l'équilibre

Le sens des trigrammes fournit des indications importantes pour améliorer le Feng Shui d'un cadre de vie ou de travail. Selon son orientation, un maître en Feng Shui se référera aux attributs du trigramme de cette direction et travaillera autour de sa signification et de ses implications.

Le Pa Kua

Un symbole de référence

Puissance et pouvoir sont attribués à cette figure octogonale représentant la disposition du ciel antérieur ou celle du ciel postérieur ; les trigrammes du Yi King étant représentés sur les huit bords du Pa Kua donnent un sens symbolique à chacune des huit directions d'une boussole. Il est important de se remémorer que les Chinois placent le sud en haut et le nord en bas !

L'aspect octogonal du Pa Kua est considéré comme défenseur des forces nuisibles et tend à le convertir en un symbole de protection, à l'instar de nos porte-bonheur occidentaux.

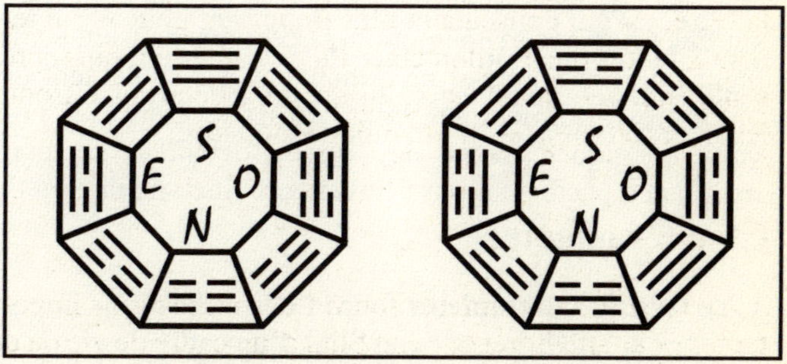

Pa Kua du ciel antérieur (gauche) et du ciel postérieur (droite).

Le carré magique

Le compte est bon

Ce tableau (d'origine très ancienne), reproduisant les neuf premiers nombres, possède une particularité : toutes les lignes diagonales, horizontales, ou verticales, font une somme de 15. Ce nombre 15, par ailleurs, correspond au total des valeurs symboliques attribuées au yin (8 + 7) et au yang (9 + 6).

Dans les temps anciens, une tortue, sortant majestueusement du fleuve Lo, portait sur sa carapace ces neuf nombres ainsi disposés. Cet agencement exprime l'organisation du ciel postérieur.

Un vrai talisman

Les nombres ont toujours eu une grande importance chez les Anciens qui croyaient que le monde était fondé sur des principes mathématiques. Certains pensent également que ces nombres ne détiennent pas seulement des propriétés arithmétiques, mais qu'ils recèlent des pouvoirs magiques, voire des forces occultes. Le carré magique a parfois aujourd'hui encore une valeur rituelle.

Une réelle corrélation

Entre le carré magique Lo Shu et le Pa Kua, l'adepte du Feng Shui trouvera d'autres significations importantes, notamment dans l'espace temps, puisqu'il est alors réalisable de repérer les jours fastes et néfastes pour une activité donnée.

Cette approche prévisionnelle interpelle fortement les Chinois puisque, dans leur almanach annuel, ils calculent les dates favorables pour entamer un projet, passer un examen, etc.

4	**9**	**2**
3	**5**	**7**
8	**1**	**6**

Le carré magique Lo Shu.

Le zodiaque

Tout participe au Tout

Il est impossible d'évincer le zodiaque chinois qui est étroitement lié aux cinq éléments — ils forment d'ailleurs entre eux des accords ou des désaccords qui modèlent la nature d'un être !

Un échange permanent d'énergie entre la terre et le ciel s'effectue sans même que nous en ayons une perpétuelle conscience. Pour un disciple du Feng Shui, cette connaissance s'avère indispensable.

Ses particularités

Si l'astrologie occidentale se base sur le mouvement des planètes, l'astrologie chinoise repose sur le calendrier.

En Occident, il existe 12 signes rattachés à chaque mois de l'année. En Chine, il existe 12 signes liés à chaque année d'un cycle de douze ans. L'année chinoise débute, attention, le 4 ou le 5 février, soit 45 jours avant l'équinoxe du printemps…

La légende

Lorsque Bouddha entreprit de réorganiser l'Empire du Milieu, il convoqua tous les animaux de la création pour le Nouvel An. Seuls douze répondirent à l'appel du sage. Ce furent, dans l'ordre d'arrivée : le Rat, le Buffle, le

Tigre, le Chat, le Dragon, le Serpent, le Cheval, la Chèvre, le Singe, le Coq, le Chien et le Sanglier. Pour les remercier, Bouddha leur dédia, à chacun d'eux, une année qui porterait leur nom et pénétrerait les natifs de l'époque de leur symbolisme et de leurs tendances psychologiques. Ainsi fut fixé un cycle de douze ans et, depuis, chaque signe astrologique distinctif porte le nom d'un animal.

Il faut le savoir…

L'année solaire, dans le calendrier chinois, est divisé en 24 parties qui correspondent aux douze signes du zodiaque, eux-mêmes caractérisant les deux fois douze heures du jour. Les huit trigrammes K'ien, K'ouen, Tchen, Souen, K'an, Li, Ken et Touei leur sont affectés ; et ces interrelations se fondent dans la vie quotidienne de l'humain ainsi que dans son environnement social et spirituel…

丑 寅 卯

LE LO-P'AN

L'outil

Il s'agit d'un outil sophistiqué — parfois aussi un très bel objet —, offrant en tous les cas une lecture complexe pour une interprétation correcte, afin de définir au plus juste les énergies positives, l'endroit adéquat pour bâtir sa demeure, etc.

Deux plaques, l'une ronde pour le ciel et l'autre carrée (pour la terre) avec, en leur centre, une aiguille aimantée, composent cet instrument qui contient tous les indices et symboles pour déterminer le bon ou le mauvais Feng Shui.

On y trouve des signes exposant les huit trigrammes du Yi King, les cinq éléments, les deux fois douze heures chinoises (ou heures doubles), les douze signes du zodiaque chinois avec leur division en degrés, les vingt-quatre secteurs d'une année solaire, les mois, etc.

Le maniement

Seul un expert en Feng Shui sait utiliser cette boussole chinoise parce qu'il maîtrise son art.

En général, un maître possède son lo-p'an personnel et emploie sa propre formule pour faire ses calculs et donner ses interprétations.

Chaque initié attache un intérêt différent à l'influence des nombres, des planètes, des trigrammes, entre autres. À chaque « école », sa méthode…

L'homme et la nature

La terre

Vibrer à l'unisson

On ne se pose pas n'importe où : lorsque nous en avons le choix, sur une plage, nous cherchons « notre » place, à la terrasse de café ou dans une salle de restaurant, nous choisissons « notre table »... Bref, nous réagissons toujours en fonction de ce que nous ressentons face à tel ou tel endroit, on s'y installe ou on le fuit.

Un animal va élire de lui-même l'endroit où il se sentira le mieux : il adoptera ou désertera, d'instinct, sa couche...

Afin de faire croître certains plants ou certains arbres, le jardinier cherchera le lopin de terre parfait pour qu'ils se développent idéalement...

À l'évidence, certains endroits nous attirent et nous rendent heureux, d'autres nous donnent systématiquement envie de nous en éloigner.

Le rapport à la terre

L'homme profite de ses bienfaits, nourriture, plantes, ressources minières, etc.

Depuis la nuit des temps, il subsiste avec ce que la terre lui procure. Il vit « grâce à » et « avec » la terre, et se doit de la connaître pour éviter les dangers qu'elle dissimule. Bien que nous la meurtrissions, la terre nous offre toujours et encore sa substance : il suffit de planter et nous récoltons.

La terre et ses prédictions

La terre offre ses signes que l'homme peut interpréter. Les géologues savent déchiffrer ce que cache l'écorce terrestre ; les radiesthésistes, entre autres, décèlent les radiations qu'elle émet. La géomancie, grâce à la disposition hasardeuse des cailloux formant des figures et grâce aux traces dessinées dans la poussière, procure un moyen d'effectuer des prévisions sur le mode de la divination. La terre, en effet, renferme des milliers de secrets…

La terre et ses énergies

La terre est vivante. Elle bouge. Elle possède une force. C'est une énergie condensée. La terre est parcourue par des « rayons », appelés réseaux telluriques par les géologues et veines du dragon par les Chinois. Ces faisceaux émettent une radioactivité naturelle, comme, vous en avez sans doute entendu parler, le réseau « Hartmann » ou le réseau « Curry », qui sont les plus connus. Pour détecter ces rayonnements telluriques, on utilise, comme un pendule, des baguettes, soit de sourcier, soit un lobe-antenne, un Rade-Master, voire une antenne Lechter.

La terre et les constructions

L'homme a spontanément érigé des édifices sacrés ou mémorables sur des lieux à fort attribut énergétique. Des endroits, dotés de pouvoirs mystiques, abritent des bâtisses élevées pour le culte et les cérémonies. En revanche, d'autres sites sont voués à ne souffrir que d'actes destructeurs ou malfaisants…

La terre et le chi

Il est évident que l'énergie d'un lieu sera différente si le site est montueux et verdoyant, ou s'il est sec et exposé aux vents violents ; pire encore, s'il a traversé des époques troublées, voire a été victime de pénuries ou de malheurs…

Des forces négatives demeureront là où, par exemple, un cimetière a été aménagé.

La terre et le Feng Shui

Les hauteurs et autres formes topographiques sont évoquées par des animaux, dragon, tigre, tortue, phénix, qui caractérisent les métaphores du Feng Shui. Le modelé des collines et des rochers tout comme la direction des étendues d'eau ont une importance capitale dans la configuration du paysage idéal pour y jouir d'une vie meilleure. Un expert en Feng Shui conseillera une bâtisse assez retirée, abritée du vent, jouissant d'une vue agréable, à proximité d'un cours d'eau.

L'EAU

L'eau et la genèse

L'eau est à l'origine de la vie ; elle est néanmoins associée au principe de dissolution, tel le déluge. Symboliquement, l'eau est pure : son cycle d'évaporation et de précipitations lui ôte toute salissure. Elle est depuis toujours utilisée pour les rituels, les baptêmes et les ablutions purificatrices.

L'eau et ses bienfaits

L'eau possède des vertus curatives : chaude, ou grâce à sa teneur minérale, elle devient « eau thermale » pour notre plus grand bien. Elle entretient notre corps, pour son hydratation ou pour sa toilette. Elle est indispensable à notre vie.

L'eau et l'économie

L'eau fertilise la terre, les sols ; une région sèche, aride, n'est pas prospère. D'autre part, l'eau est utilisée pour les transports et devient aussitôt synonyme de richesse puisqu'elle facilite les échanges et le commerce. Pour ces raisons essentielles, l'homme a sans cesse migré vers les cours d'eau.

Un point d'eau a toujours engendré une concentration animale ou humaine. L'eau attire ; le tourisme se développe encore plus près d'un lac ou en bordure de mer. Les jeux nautiques se « vendent » bien et font partie des loisirs les plus prisés en période de vacances.

L'eau et ses influences

Une eau calme rappelle la vie intra-utérine ; elle est de ce fait sécurisante. Une eau vive est pure et chantante, elle est, de ce fait, stimulante. Une eau sombre et profonde est angoissante. Une eau stagnante est sale, sent la putréfaction et engendre le chagrin.

L'eau et le chi

Plus l'eau est profonde ou l'étendue grande, plus le chi est fort. Le chi s'échappe trop vite si le cours d'eau est droit et son débit rapide. Une eau fangeuse engendrera un chi empoisonné.

L'eau et le Feng Shui

Nous l'avons vu, la proximité de l'eau est très favorable mais il est toutefois nécessaire d'étudier son cours ; pour un meilleur Feng Shui, il est préférable que son cours soit sinueux, à l'instar du S du symbole du yin et du yang, et que son courant soit lent. Trop d'eau peut nuire. Il ne faut surtout pas s'installer dans une région inondable…

Le vent

Une force élémentaire

C'est un mouvement de l'atmosphère, un déplacement d'air qui, lorsqu'il est léger, est agréable et favorable, mais lorsqu'il est puissant, s'avère néfaste, voire désastreux : le vent peut être parfois aveugle et violent. Le pouvoir d'action du vent se mesure en points, par exemple : *vent de force 5 sur l'échelle de Beaufort*… expression bien connue des sports aériens ou des amoureux du bord de mer !

Le vent, symbole de l'inconstance

Le vent est mobile et changeant ; on ne peut le saisir, on ne peut l'incendier, ni le brutaliser, ni le disperser, ni le contenir. On ne peut que l'utiliser, en tirer profit ou lui barrer la route, le détourner, pour l'empêcher de nuire. Est insensé celui qui voudrait le maîtriser ! Ce phénomène d'instabilité est impossible à appréhender : il est préférable de l'éviter…

Le vent et ses influences

Un vent du nord sera froid, un vent du sud soufflera chaud. Il est plus agréable de prendre de plein fouet une brise tropicale qu'un vent glacial.

À moins de l'utiliser pour faire fonctionner un moulin

à vent ou un bateau à voile, entre autres, il est bon de se protéger du vent, et surtout, de se mettre à l'abri des turbulences ou courants d'air.

Le vent et le Feng Shui

Trop de vent empêche le chi de s'installer ou le disperse. Pour qu'un lieu présente de savoureuses conditions de vie, il doit être abrité, par exemple par une colline ou par une ceinture d'arbres protecteurs.

Un site balayé par le vent est peu favorable à l'établissement du chi. Il ressemble d'ailleurs très vite à une place désertique…

D'autre part, si vous avez à choisir un appartement, fuyez celui dont les terrasses ou balcons sont exposés aux courants d'air ; vous ne pourriez vous y installer confortablement…

La lumière

La lumière, notre essentiel

Si la lumière disparaissait, la vie disparaîtrait avec elle !

La lumière est indispensable à notre existence ; elle est liée à un sentiment euphorique, à une *ascension*, alors que la nuit symbolise souvent un état dépressif et anxieux, et aussi, une *descente*.

Toutefois, dans le couple yin-yang, l'obscurité est complémentaire à la lumière ; le noir n'est donc pas spécialement hostile. L'équilibre des deux tend à l'harmonie.

La lumière et ses représentations

Dans un langage métaphorique, la lumière, c'est aussi :

⇒ le génie,
⇒ l'intelligence,
⇒ la gloire,
⇒ l'explication,
⇒ la connaissance,
⇒ la spiritualité,
⇒ la vérité,
⇒ la beauté,
⇒ l'éclat,
⇒ l'illumination,
⇒ la lueur,
⇒ l'espoir.

La lumière représente, entre autres, dans grand nombre de religions, mais aussi dans notre quotidien, la vie, le salut, le bonheur…

Ces équivalents nous démontrent suffisamment le rôle, l'impact, joués par la clarté dans notre évolution physique et morale.

La lumière et le Feng Shui

Rappelons-nous que le jour est yang, et la nuit yin ; les rayons du soleil possèdent une énergie yang, tandis que l'ombre matérialise le yin…

Le chi se trouvera en déséquilibre si l'intensité lumineuse d'un lieu est trop forte. Trop de yang excite, nuit ! Vous l'avez d'ailleurs observé : une lumière trop directe altère les tentures et les gravures murales, défraîchit les papiers et tapisseries.

Toujours à la recherche de l'harmonie, un adepte du Feng Shui travaillera les jeux d'ombre et de lumière pour stimuler le chi afin de parfaire sa vie et son destin.

La géobiologie

Du pareil au même

D'autant plus que, dans l'esprit chinois, tout est lié à tout et qu'il n'y a aucune différence entre la lumière, un fleuve, l'écriture, une plante, une construction ou un son, le Feng Shui est pratiqué, en Chine, depuis la nuit des temps, malgré quelques éclipses. Il est, à la manière orientale, ce que la géobiologie commence seulement à évoquer dans nos paramètres.

Une connaissance des lois

En Occident, pourtant, les bâtisses romanes et gothiques, entre autres, étaient érigées sur des « points cruciaux » que les Anciens ont su reconnaître sans pour autant adopter les notions de géobiologie… qui reste un phénomène extrêmement récent dans notre civilisation.

Certains sourciers, ou plus nouvellement certains radiesthésistes, ont pu constater qu'il se « passait quelque chose » à l'endroit même de ces édifications, tandis que d'autres initiés, à tendance plus ésotérique, prouvaient que ces constructions étaient réunies entre elles par un tracé symbolique.

Qu'est-ce que la géobiologie ?

GÉO provient du grec ancien *gê* « terre » et BIO, du grec ancien *bios* « vie ». Le suffixe LOGIE sert à désigner une étude, une science. Un géobiologue étudiera donc l'influence que peut avoir la terre sur notre vie.

Puisque tout trouve écho en nous, puisque notre destinée est liée aux mécanismes de la nature et de l'univers, cette discipline analyse justement cette interdépendance avec notre environnement immédiat ou plus éloigné. La géobiologie synthétise l'approche de la radiesthésie, la géologie, l'électronique, la physique, la biologie, l'architecture, etc.

Une observation approfondie

L'individu ressemble à sa maison comme sa maison lui ressemble. De même, ils s'appartiennent l'un et l'autre. Ils forment un « tout » qui ne ressemblera à aucun autre et qui vibrera différemment des autres.

Voilà pourquoi l'histoire du lieu, son sous-sol, sa végétation, son orientation, la forme et les matériaux de ses constructions, ainsi que ses « habitants » — humains et espèce animale — contribuent, dans leur ensemble, à une recherche géobiologique.

Pour un équilibre vibratoire

Nos lieux de vie sont parfois malades, ils souffrent de troubles géobiologiques et — le plus souvent à notre insu — nous saturent de déprime, migraine, douleurs, déséquilibre nerveux, etc.

Toutes ces nocivités invisibles peuvent être corrigées aujourd'hui, grâce à la géobiologie qui nous permet de les repérer et de les neutraliser.

Pour une bonne détection

Cette prospection se fait principalement dans notre habitation puisque c'est là où nous nous « posons », là où nous devons trouver équilibre et bien-être.

À la recherche d'un réseau tellurique, d'une émission naturelle de radioactivité, le géobiologue peut utiliser un compteur Geiger mais doit avoir plus sûrement recours à la radiesthésie qui intercepte des vibrations plus faibles.

Il existe pour cela des baguettes que l'on tient légèrement en tension en resserrant les mains, à la hauteur du plexus solaire, et que l'on présente vers le nord puis qui pivotent, soit à droite soit à gauche, lorsqu'elles surplombent un rayonnement.

Son taux vibratoire, mesuré à l'aide d'un pendule ou d'un biomètre, sera bas dans une zone neutre et élevé dans une zone perturbée.

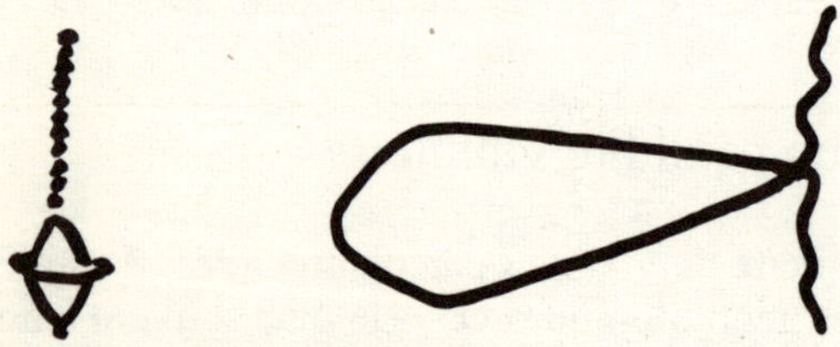

Un pendule et un lobe-antenne.

À chaque malaise son remède

Votre lit est-il à la bonne place ?

Votre canapé est-il au bon endroit ?

Votre téléviseur est-il correctement placé ?

Voici autant de questions que vous aurez de réponses lorsque vous aurez « testé » ces points vibratoires.

Évidemment, en cas de réponse négative, il suffira tout simplement de modifier leurs emplacements.

Une baguette de sourcier.

> **Attention :** lorsque nous sommes malades, nos vibrations sont faibles et nous avons systématiquement tendance à nous réfugier dans des zones plutôt basses alors qu'il serait préférable d'élire un secteur plus fortement chargé afin de pouvoir « regonfler » notre énergie !

L'homme et l'harmonie

Le bien-être

« Le plus grand secret pour le bonheur, c'est être bien avec soi. »

Bernard Le Bovier de Fontenelle
- *Du Bonheur*.

Une ambition nouvelle

Nous assistons aujourd'hui à une fusion des connaissances les plus disparates des différentes civilisations et de nouveaux mouvements philosophiques, voire écologiques, nous encourageant à une vie plus saine ; les médecines deviennent « naturelles » ; on court de moins en moins après une réussite sociale, toutefois on ambitionne une existence meilleure, plus saine et plus équilibrée. Nous évoluons dans une société occidentale où la qualité de vie devient essentielle.

Une cause à effets

Le bien-être est issu de la santé physique, de la sérénité spirituelle, de la confiance en soi, de l'optimisme, bref, d'un parfait équilibre entre le corps et l'esprit. Le yoga est de mode dans nos contrées et suscite chez les Occidentaux un intérêt croissant, surtout parmi les intellectuels, les artistes ou les scientifiques. Toutefois, avec l'héritage spirituel du bouddhisme et de la doctrine chinoise de l'harmonie, nous envisageons d'améliorer nos conditions d'habitation influant largement sur nos conditions de vie.

La sérénité

« Vous n'avez qu'un jour à passer sur la terre : faites en sorte de le passer en paix. »

Félicité Robert de Lamennais - *Mélanges religieux et philosophiques.*

Un état de conscience

D'anciennes pratiques asiatiques se sont répandues en Europe, d'où le nouvel intérêt accru des Européens pour la découverte d'une vie spirituelle.

La méditation est devenue, pour la plupart, un outil conçu pour une mise en pratique quotidienne de la recherche de l'équilibre.

Une évidente cohérence

Une maison ressemble généralement à son occupant. Elle reflète d'autant plus son caractère et sa personnalité qu'il s'y est installé depuis un certain temps.

Et inversement, un individu qui aime son foyer s'appliquera à y retrouver, dans le rythme ambiant, la paix et la tranquillité qu'il désire éprouver lorsqu'il rejoint ses pénates ; le Feng Shui — grâce à sa doctrine — peut lui apporter la sérénité qu'il poursuit.

L'ÉQUILIBRE

« Il est aussi noble de tendre à l'équilibre qu'à la perfection ; car c'est une perfection que de garder l'équilibre. »

Jean Grenier - *Lexique*.

Une cause essentielle

La poursuite de l'équilibre, corps/esprit, est devenue fondamentale dans une vie trépidante qui est le fruit de notre civilisation dynamique et effrénée, inquiète et torturée. La stabilité rend les idées plus claires et enrichit l'esprit, rapproche l'homme de la nature et représente l'antidote des névroses de la vie moderne et de toutes les formes de déshumanisation.

Pour une force de caractère

Lorsque nous pénétrons dans une habitation occidentale, nous discernons intuitivement — et visuellement —, grâce aux proportions des masses (mobilier) mises en rapport, si l'équilibre est présent dans la vie de l'habitant. Mais bien au-delà de l'aspect visible de l'arrangement des formes, il existe une autre propension à la plénitude : le Feng Shui qui est une sagesse incitant à vivre en équilibre et symétrie avec la terre et ses forces naturelles. Ses principes vouent santé et paix, bonheur et prospérité lorsque l'homme suit ses directives tendant à l'harmonie et à l'équilibre.

Le bonheur

« Le bonheur n'est pas un luxe ; il est en nous comme nous-mêmes. »

Paul Claudel - *La Ville*.

Le chemin du cœur

Est-ce le développement de sa propre sagesse et sa manifestation dans les activités extérieures qui mènent au bonheur ? Dans la Chine ancienne, le Tao renvoyait à cette conception éthique : une conduite de sage à l'intérieur et une conduite de roi à l'extérieur.

Pour mener au bonheur, la raison taoïste nous incite à choisir consciemment notre chemin en le suivant avec les inclinations de notre cœur, mais il faut avoir la clarté d'esprit suffisante pour faire le bon choix…

Un bâton de pèlerin

Le Feng Shui, par sa simplicité de réalisation, laisse entrevoir une réelle possibilité de bonheur. Il suffit de vivre en harmonie avec les éléments de la nature ! Lorsque ses principes en sont appliqués, ils assurent une existence heureuse qui comble une famille vivant sous le même toit.

Par exemple — et c'est sensé ! —, plus les pièces d'une habitation sont larges et aérées, convenablement éclairées, plus elles suscitent des sentiments de bonheur et d'aisance…

L'AMOUR

« L'amour, c'est beaucoup plus que l'amour. »

Jacques Chardonne - *L'Amour, c'est beaucoup plus que l'amour.*

Une aspiration permanente

Vivre l'extase lorsque l'on savoure la beauté des formes, des sons, des odeurs ou du goût, du contact et de l'amour charnel, ou lorsque l'on jouit de ce que nous offrent la nature et l'art, c'est être en communion avec l'Univers (voire être en osmose avec Dieu).

Tout anéantissement ou destruction, toute haine et désolation, toute avidité naît d'un manque désespéré d'amour et d'étreintes sensuelles. Et pourtant, la source d'amour est aussi intarissable que l'Univers !

Une recherche nécessaire

Pourquoi vouloir tout anéantir ? Pourquoi ces guerres interminables ? Pourquoi l'alcool, la drogue ? Ces maux trouvent leur fondement dans l'insuccès de l'homme à réaliser l'harmonie fondamentale du yin et du yang. Sans cet équilibre, fontaine de vie et de joie, il ne reste rien d'autre que la destruction et la mort…

Le Feng Shui, répondant à cet accord, comprend des directives faciles à appliquer pour réussir une vie amoureuse et conjugale heureuse.

La concorde

« Rue de la Concorde, j'ai vécu
les plus belles années de ma vie. »

Anonyme.

Une corrélation implicite

Presque tout le monde, à un moment de son existence, a eu l'extraordinaire perception de ne faire qu'un avec l'Univers. Vous aussi. Cette expérience a pu se produire en marchant seul sur une plage ou en entrant très tôt le matin dans une pièce déjà baignée d'une lumière chaude et indescriptible ; vous vous êtes alors immédiatement senti débordant d'une marée de joie et d'amour.

En cet instant magique, il vous a semblé appartenir à quelque chose de bien plus grand que vous-même, vous avez été aimé, inclus, en contact avec une réalité invisible et éternelle : en concorde avec la vie !

Comme un faiseur de pluie

Le Feng Shui, par ses dispositions simplistes, peut contribuer à trouver le chemin de la concorde avec l'Univers, l'entente parfaite avec ses proches, mais en revanche, lorsque des mésententes amorcent de véritables divisions et entraînent la calamité, les causes peuvent en être attribuées à un mauvais Feng Shui. Il devient urgent et nécessaire, dans ce cas, d'examiner son environnement.

La beauté

« La beauté n'est que la promesse du bonheur. »

Stendhal - *De l'amour.*

Comme une aura

Nous respirons tous, extérieurement, notre disposition d'esprit, comme notre demeure reflète nos gaietés ou nos aigreurs.

Alors, quelle est notre humeur intérieure ? Un visiteur a la capacité intuitive de déterminer en quelques secondes, par un simple coup d'œil, notre tempérament global et nos inclinations du moment. Une habitation « transpire » le bonheur ou l'infortune, la quiétude ou la haine…

Une vue extérieure

Notre lieu d'habitation n'est pas seulement un endroit où l'on vit, mais un endroit dont on reçoit l'énergie et où on en dispense. Dans un lieu somptueux, nous nous dévoilerons somptueux et nous rayonnerons somptueusement.

La beauté vient du cœur. Choisir le chemin du cœur, c'est devenir totalement humain ; choisir l'harmonie, c'est œuvrer pour la beauté. Le Feng Shui enseigne le chemin de l'équilibre, de la grâce et de la perfection. Vivre dans un environnement plaisant, esthétique et chaleureux, c'est déjà le début de l'harmonie…

La santé

« Lorsque l'esprit est plein de joie, cela sert beaucoup à faire que le corps se porte mieux et que les objets présents paraissent plus agréables. »

Descartes - *Correspondance*.

À titre préventif

Notre rythme de vie moderne endommage inlassablement notre santé par le manque d'oxygène et de relaxation musculaire et psychique, use lentement notre système nerveux et hâte notre vieillissement. Bref, il nous tue insensiblement ! Une bonne hygiène psychophysique, en revanche, entraîne, elle, sur la voie de la réussite.

La pratique du yoga peut aider à conserver la santé, préserver des maladies et prolonger la vie.

À l'évidence

Pour profiter au mieux de l'existence, de l'amour et de la richesse ou tout simplement des joies que le destin peut nous offrir, il faut jouir d'une bonne constitution. Un mauvais état de santé, pour un individu ou pour l'un de ses proches, peut engendrer la calamité ; il devient alors nécessaire d'examiner le Feng Shui de son foyer, d'étudier de plus près son secteur personnel de santé, ou celui du « maître » des lieux, voire du chef de famille.

La réussite

« Sait-on bien juste à quel point il faut peu de talent pour réussir ?... »

Jules Barbey d'Aurevilly -
Disjecta membra.

La route de la fortune

Réussir sa vie ou réussir dans la vie ? Telle est la grande question ! S'interroger, réfléchir, tenter de prendre conscience tandis que nous cheminons difficilement dans l'existence, implique la nécessité de s'arrêter entre chaque événement. Et de choisir.

À chaque choix que nous avons à faire, nous nous trouvons à un carrefour ; et, bien sûr, la possibilité de nous créer nous-mêmes au travers de nos choix peut nous mener à la réussite.

On n'a rien sans rien !

Le Feng Shui, et son utilisation créative — à son domicile ou sur son lieu de travail —, s'est confirmé être un élément considérable, si ce n'est essentiel, de la réussite professionnelle !

Et toujours grâce au Feng Shui... en associant le bien-être, la sérénité, l'équilibre, le bonheur, l'amour, la concorde, la beauté et la santé, ne pouvons-nous pas atteindre la plus belle des réussites personnelles ?...

Deuxième partie :

le Feng Shui appliqué

Comment le Feng Shui peut changer votre vie

La réussite sociale, attirer le succès...

En toutes circonstances

Dans une tranche de vie difficile, solliciter un bon Feng Shui, c'est amenuiser les complexités, surmonter les dangers et tendre vers une existence plus aisée.

Dans une période de plate neutralité, poursuivre un bon Feng Shui, c'est positiver tous les aspects de sa vie et surtout prétendre à la dimension supérieure de sa destinée.

Lorsque l'époque est déjà prospère, entretenir un bon Feng Shui, c'est fulgurer dans une occupation ascensionnelle, s'épanouir dans des relations heureuses et vibrer sur un mode joyeux.

Dans n'importe quelle situation, viser un bon Feng Shui, c'est accroître ses potentialités de succès.

Un dessein énergique

Lorsque des vibrations positives sont sollicitées par les techniques du Feng Shui, vous remarquez assez vite les changements évidents qui surviennent dans votre vie ; ils ne sont certes pas immédiats, mais petit à petit, vous en observez les influences : une protection pour vous-même et vos proches, des portes qui s'ouvrent miraculeusement, des aides qui apparaissent au bon moment, des sauvegardes surgissant *in extremis*, des adversaires esquivant les luttes, un chiffre d'affaires qui augmente, des employés coopérant dans la bonne humeur, des collaborations fructueuses, etc.

Pour toutes les sphères

Faire prospérer un restaurant, usiner des pièces mécaniques, ouvrir une boutique d'art floral, habiller du plus petit au plus grand, exporter ou importer, vendre du financement, soigner les déshérités, monter un spectacle ou vous produire sur scène, en utilisant correctement l'art du Feng Shui, c'est d'avance réussir votre entreprise, quelle qu'elle soit !

Reconnaissance, opulence, succès ou célébrité, tout est possible et facile, vu que vous n'avez pas même besoin d'être persuadé de ses effets pour qu'ils se produisent.

Même dans l'effort

Activer un bon chi augmente également le taux de réussite d'un étudiant pour la totalité de ses études tout en lui assurant la victoire à ses examens.

Un sportif décrochera plus facilement les médailles lors de ses compétitions si, dans son environnement habituel, il s'entoure de bonnes vibrations et d'harmonie.

Une limitation

Un bon Feng Shui peut allégrement faciliter la route d'un individu sans toutefois lui ôter les écueils qui lui sont prédestinés mais, en sollicitant au maximum un bon chi, il pourra, encore, jouir au mieux de toutes les merveilleuses potentialités que le destin lui garantit.

La vie sentimentale, attirer l'amour

Une influence retentissante

Entouré de bonnes vibrations, profitant d'un bon Feng Shui, un individu irradie et attire à lui des relations profitables. Il enthousiasme et fascine, son charisme est éclatant… Tous ses élans sont féconds ; il accueille positivement toutes les invitations qui lui sont faites. Protégé par le Feng Shui de son environnement, cet homme ou cette femme fera des rencontres étincelantes.

Une répercussion intelligente

En positionnant astucieusement quelques meubles dans votre environnement habituel, en respectant les diverses règles d'harmonie du Feng Shui, vous récolterez les influences positives de cet agencement ; en revanche, vous subirez également moult difficultés et désagréments en conséquence d'un mauvais aménagement, d'une orientation nuisible à votre foyer, d'une décoration néfaste à votre logement, etc.

L'amour est à conserver

Lorsque l'amour est acquis, il se préserve ! Faites intervenir les règles du principe Feng Shui en vous installant dans votre nouveau nid d'amour. Tout ce qui peut menacer votre cohésion familiale doit être judicieusement écarté ; votre nouveau bonheur et votre fraîche structure intime ne doivent pas susciter de fâcheuses envies. Votre couple doit rayonner, votre foyer doit abriter le bonheur !

Favoriser la vie conjugale

C'est essentiellement dans la chambre à coucher que circule l'énergie principale du couple. L'homme et la femme doivent dormir dans la direction appropriée à leur personnalité, ils doivent éviter de placer miroir et téléviseur dans ce lieu d'amour et de repos tout en restant attentifs à ce que leur vivifiant bonheur ne périsse pas dans une zone d'ombre ou n'emprunte pas la trajectoire des eaux usées.

La relation aux enfants

Les enfants traversent, selon leur âge, des phases plus ou moins faciles à vivre : il ne leur est pas aisé de grandir ! Lors de ces périodes, les échanges entre parents et enfants, toujours complexes, peuvent s'améliorer grâce au Feng Shui ; il suffit parfois de changer la position de leur bureau ou la direction de leur lit et les rapports, enfin, se bonifient ! L'agressivité disparaît, les chérubins obéissent et suivent le pas de la bonne ordonnance parentale.

Il en va de même pour la réussite de leurs études !

La relation à la belle-famille

Peu complices sont en général les adultes qui voient leurs enfants s'envoler pour fonder un nouveau foyer ; le cordon doit inévitablement se couper même si, en Chine, les rapports sont différents et que le mariage se conçoit autrement. Un vide va se créer tandis que le « petit » va « s'ébrouer dangereusement » hors du nid ! Le malheur le guette ou bien il va réaliser ce que, jeune, le parent a raté ou gâché. Une sourde hostilité tend à s'instaurer avec le ou la nouvelle venu(e) qui n'est pas forcément le ou la *bien*venu(e). Et ces vibrations négatives retentissent…

Les jeunes époux devront donc veiller à agencer soigneusement leur appartement, en soignant aussi les couleurs de leur intérieur. Le rouge, en Chine, est la couleur de l'amour !

Les relations amicales

Un jeune couple devient parfois la cible des envieux et des aigris. Il représente un duo difficile à dissocier : les êtres que nous avons connus célibataires s'accolent soudainement à une autre personne qui nous reste pour un temps étrangère !… Il faut savoir y veiller.

Le nouveau ménage invitera plus facilement qu'il ne sera reçu par les irascibles solitaires. Une salle à manger ou un salon bien aménagé détendra et accueillera favorablement les plus méfiants. L'endroit le plus important restera, bien entendu, l'entrée des lieux, qui doit être spacieuse et hospitalière. On pourra y placer des fleurs bien ouvertes ou quelques symboles attirant les bonnes influences.

La santé,
vivre en pleine forme

Les maux et leur origine

C'est bien connu : les maladies de l'homme ont une origine essentiellement neuropsychique ; l'anxiété entre pour sa grande part dans le mécanisme causal des troubles physiques.

On a toujours su qu'une émotion trop forte pouvait tuer un être humain… En effet, les émotions et les pensées exercent leurs répercussions sur le corps. Parce que rien ne se produit dans notre organisme sans l'intervention ou la participation de l'esprit, les maladies y ont assurément une origine directe ou indirecte.

Le bien ou le mal

À travers le système nerveux et l'appareil endocrinien, les troubles et les excitations provoquent des bouleversements tangibles dans les tissus — positifs ou négatifs — qui peuvent améliorer la santé ou à l'inverse entraîner une maladie.

Le chi engendre cette résultante similaire ; qu'il soit bon ou mauvais, les portées en sont conséquentes !

Pour le meilleur

Gouverner ses états d'âme et contrôler son humeur peuvent se faire par l'exercice du Feng Shui dans son environnement, tout comme d'autres peuvent vivre leur éthique yoga (les adeptes du yoga ont connaissance de ce principe, c'est pourquoi ils donnent grande importance au *Prâna*, pour la plénitude de leur âme et de leur corps).

Un bon chi libère des états anxieux et calme les émotions, entraîne de bonnes facultés intellectuelles, une grande volonté, quiétude et intuition.

Cultiver l'optimisme, la joie et la confiance en soi, tout en éliminant le pessimisme et la dépression dans un milieu adapté, c'est indubitablement tendre vers l'espérance et le bonheur.

Quand on connaît le pire

Un mauvais état de santé, à l'inverse, déterminera la présence de mauvaises influences et vous devrez chercher les origines de ces problèmes à l'intérieur ainsi qu'à l'extérieur de votre foyer. N'oubliez pas que le manque d'harmonie engendre des crises qui génèrent des émotions altérant la respiration, la circulation du sang, les sécrétions glandulaires, etc.

N'hésitez donc pas à procéder à un examen régulier de votre Feng Shui, surtout si vous venez d'emménager, de rénover votre demeure, ou tout simplement d'y apporter des modifications de mobilier.

La prospérité, attirer l'argent

Plus qu'une aisance

De tous les bienfaits que peut nous apporter le Feng Shui, la richesse est une de ses plus évidentes résultantes matérielles. Tout comme la réussite et l'amour, elle peut être obtenue grâce aux directives de cette « science » appliquées correctement.

Le chi positif apporte une chance extraordinaire à l'individu qui a déjà une destinée programmée pour être fortuné. Pour les autres, le Sheng Chi (le chi bénéfique) améliore leur vie terrestre en favorisant les satisfactions et en atténuant considérablement leurs malheurs.

Le bon sens

Comme vous le découvrirez dans les pages suivantes, votre logement ou votre bureau sont symboliquement fragmentés en plusieurs « secteurs », chaque secteur représentant les domaines de votre existence ; il existe donc un « secteur de l'argent » (sud-est du local concerné) qu'il sera bon de soigner particulièrement.

Le Feng Shui entraîne évidemment d'excellents résultats dans la vie des affaires mais la richesse est davantage requise lorsqu'on fait intervenir les éléments qui la symbolisent tels que des pièces de monnaie ou des billets, un coffre-fort, voire une caisse enregistreuse…

Une bonne activité

« Activer un secteur », c'est le « charger » d'objets bénéfiques, de symboles bienfaisants, bref, faire intervenir tout ce qui peut, par la couleur, par la décoration ou l'agencement, favoriser les bons courants du chi.

L'argent attire l'argent

Il existe dans certaines contrées retirées d'Italie une superstition qui consiste à jeter des pièces de menue monnaie sur le sol ou sous les meubles du logement et de les y maintenir puisque *« l'argent appelle l'argent ! »*.

À l'instar de cette croyance, les Chinois font entrer dans leur maison une plante grasse appelée « plante d'argent » puisqu'elle privilégie, bien placée, l'aisance ou la richesse.

Les plantes, à l'origine, lorsqu'elles sont saines et vigoureuses, apportent un bon Feng Shui dans un foyer — il ne faut pas hésiter à les remplacer lorsqu'elles donnent des signes de dépérissement —, cependant la plante d'argent, avec ses feuilles rondes et rebondies, est la représentation parfaite de la prospérité. Une autre plante, plus familière aux horticulteurs occidentaux, le *Pellaea rotundifolia*, avec ses courtes tiges rampantes et ses feuilles rondes et coriaces, peut se substituer plus aisément à la plante chinoise ; un autre végétal ornemental, la *lunaire*, dont les « fruits » représentent des disques blancs argentés (une variété est appelée « monnaie-du-pape »), peut offrir de comparables possibilités.

Le Feng Shui et les secrets

Les secrets des nombres

« Le nombre est le glorieux père des Dieux et des Hommes. »

Proclus - philosophe grec (412-485).

L'existence est un miracle chiffré

Depuis la nuit des temps, les nombres ont une valeur symbolique qui représente une pulsion de vie, une vibration, une influence. Les nombres n'expriment pas seulement des quantités mais ils développent des forces.

Jung affirmait que *« le nombre est la forme d'expression la plus primitive de l'esprit »* parce qu'il contient toute la connaissance humaine.

Tout s'enchaîne

Le nombre est l'essence de toute chose, de l'harmonie universelle. De plus, de 1 à 0, une boucle se forme, tel un cycle puisque le dix est un retour à l'unité tandis qu'il s'écrit 1 + 0 = 1.

Les cycles reposent sur les nombres ; ils ordonnent le monde grâce à leur pouvoir magique et leur lien avec le cosmos. Ils deviennent, aux yeux des hermétiques, des puissances surhumaines.

La numérologie juive

La Kabbale donne un sens caché aux nombres en jouant d'une forme d'abstraction intellectuelle avec de subtiles combinaisons. Elle nous a été transmise par les Hébreux. C'est une doctrine de la création qui exprime les attributs de l'essence divine que seul un ésotériste peut interpréter selon la tradition. Et, là encore, le nombre « parle » !...

En Orient

En Chine, la notion des rythmes cosmiques est réglée sur l'origine du monde. Les nombres, comme les noms, déplacent des forces qui établissent un courant invisible mais néanmoins présent !

D'ailleurs, chaque idéogramme chinois exhale le secret d'un nombre qui influence l'existence...

« Tout est nombre »

Chaque nombre a sa propre personnalité ; voici la signification générale des chiffres suivants :

- Tout nombre est engendré par **Un**. 1 est le principe universel. 1 est le commencement, le début des choses, l'unité, le meilleur, l'identité ; 1 est une base, un point de départ. Il désigne le père, le principe masculin.
- Symbole d'opposition, de séparation ou de conflit, **2** est le chiffre des ambivalences et des dédoublements. Deux symbolise le duo ou le couple, le yin et le yang, le masculin et le féminin, le blanc et le noir, le vide et le plein, le bien et le mal, etc. Il désigne la mère, le principe féminin. Dans son dualisme, le 2 traduit une

rivalité comme une réciprocité, une opposition ou une complémentarité.

- Le **3** affirme la multiplicité, la trinité et la stabilité. Les Chinois disent de lui que c'est un nombre parfait, la représentation de la totalité, de l'achèvement. D'ailleurs, les trigrammes du Yi King évoquent le ternaire, corrélation parfaite entre le Ciel, l'Homme et la Terre.
- Le **4** : comme les quatre points cardinaux ou les quatre saisons, quatre phases de la lune, quatre Évangiles, le 4 signifie le solide et le tangible, ainsi que le terrestre ; mais pour les Chinois, le nombre 4, lorsqu'il est prononcé, possède un son approchant le son du mot « mort ». Voilà pourquoi le 4e étage n'est jamais indiqué dans les ascenseurs entre autres…
- Le **5** est, en Chine, le centre des éléments, comme la Terre qui est au centre du bois, du feu, du métal et de l'eau. Le cinq représente donc le milieu, le centre, l'harmonie et l'équilibre. 5 est signe d'union : mariage du ciel (3) et de la terre (2). Il existe l'étoile à cinq branches ou les cinq doigts de la main, etc.
- Le **6**, c'est aussi deux complexes d'activités ternaires, donc une perfection en puissance… ! 6 peut engendrer la pureté et le pacifisme. Pour les Chinois, un hexagramme du Yi King se compose de deux trigrammes, soit de six traits.
- Les **7** branches de l'arbre cosmique ou les sept jours de la semaine évoquent un achèvement cyclique et son renouvellement : Dieu créa le monde en six jours et chôma le septième ! 7 rappelle aussi un changement dynamique : chaque période lunaire — et il y en a quatre ! — dure 7 jours ; le cycle se referme le 28e jour. Les Chinois, en fonction de ce cycle lunaire, attribuent au nombre 7 une valeur de chaos et d'instabilité.
- Le **8**, en Chine, représente l'ordre et l'harmonie des

choses. La boussole a huit directions. Le Yi King doit donc être considéré comme parfait avec ses 8 fois 8 trigrammes qui forment ses 64 hexagrammes ! Bonheur et paix avec le nombre 8 — mais aussi la richesse, parce que le timbre du nombre 8 prononcé évoque le son du mot « richesse » dans un certain dialecte.

- Le **9**, identiquement au 5, remémore en Chine le centre de la terre avec les huit directions de la boussole ou de la rose des vents. Neuf, c'est aussi le nombre d'une gestation (neuf mois pour concevoir un enfant), de la réalisation. 9 exprime le symbole de la plénitude. Les divisions du carré magique sont au nombre de 9 !
- Le **0** n'est qu'un départ pour un recommencement ; il représente un résultat, une harmonie. Il n'est, en lui-même, pas estimable, mais placé à droite d'un autre chiffre, il en multiplie la valeur ; exemple 2 et 20 ou 2 et 2000.

Une autre combinaison

Pour les Chinois, un autre ordre intervient dans la science des nombres : ils ne donnent pas cas à l'addition ou à la multiplication des chiffres ; ils se contentent d'étudier le dernier chiffre d'une série, comme par exemple un numéro de registre, un numéro de rue, etc. Une exception est toutefois accordée aux numéros de téléphone qui ne sont positifs que si le dernier nombre est supérieur au premier !

Le Feng Shui accorde tout pareillement une importance symbolique aux nombres et à leurs pouvoirs.

Le secret des noms

« En donnant le nom à un enfant, il faut penser à la femme qui aura à le prononcer. »

Barbey d'Aurevilly -
Les Diaboliques.

Le pouvoir de l'alphabet

En Occident, un numérologue peut être consulté pour trouver la raison sociale d'une société ou le nom d'une entreprise. Grâce à la corrélation des lettres et des nombres, il estimera les vibrations qui, au minimum, devraient engendrer une future existence clémente à la firme naissante.

Par ailleurs — en dehors d'une approche ésotérique —, il existe de longues et coûteuses études de marché entreprises pour inventer la marque qui lancera un produit nouveau !

Le pouvoir des sons

En fonction du récepteur, certains mots touchent plus que d'autres. En revanche, un simple petit mot peut posséder une mélodie spécifique capable d'émouvoir !

C'est bien connu : chaque prénom possède une sonorité spécifique associée à une certaine vibration.

Un prénom, voire un nom de famille — donc des sons —,

peuvent mettre mal à l'aise une personne ou avoir pour elle une résonance dérangeante au point qu'elle désirera en changer.

Cette sonorité a une importance capitale. Pour des raisons d'euphonie ou des impératifs commerciaux, ou encore suivre la mode des consonances étrangères, il arrive qu'un artiste, qu'un écrivain, qu'un acteur, entre autres, change de patronyme et de nom de baptême. Même les hommes politiques n'échappent pas à cette loi !

Un son, une résonance

Un mot possède une réserve d'énergie, plus ou moins forte en fonction de son sens et de son évocation.

Voyons l'acteur Arnold Schwarzenegger ; phonétiquement, son nom de famille se décompose en : *schwarz* (qui veut dire *noir* en allemand), *haine et guerre !* Cette masse de muscles a commencé — et réussi — sa carrière en jouant des rôles de dur, de guerrier, dans des films comme *Conan le Barbare*, *Terminator*, *Commando*, etc. Et quand, par deux fois, il tente l'humour en se moquant de son personnage, ses fans ne suivent pas et Arnold essuie deux échecs commerciaux !

Le pouvoir des prénoms

Le prénom possède une influence directe sur l'individu. Il peut agir sur sa personnalité et, en quelque sorte, sur son destin. Il a d'ailleurs été reconnu qu'un diminutif provoquait un dédoublement de personnalité.

Nous recevons comme une petite musique, comme un souffle, des sonorités comme *Angélique*, *Isabelle*, *Hélène*, ou comme un vacarme qui réveille pour *Charles*, *Pierre* et *Hugues*. D'autre part, *Claire* est claire et *Clément* est clément !

Lorsque nous pensons aux Indiens d'Amérique, nous ne pouvons que rêver en prononçant leur nom : *Silver Cloud* (Nuage d'argent), *Sitting Bull* (Taureau assis), etc.

Les Chinois recherchent eux aussi une « image » favorable qui procurera un prénom à l'enfant qui vient de naître. Une petite fille, par exemple, pourrait se nommer *La jolie mélodie du bambou*…

Les jours de fête

Être né un 14 octobre, en Europe francophone, c'est glorifier en même temps la Saint-Juste (l'enfant sera juste, droit et équitable !) ; sera bienvenu un enfant né le 30 octobre, jour de la Sainte-Bienvenue !

Il existe en effet une franche corrélation entre le nom du saint dont on célèbre la fête et l'événement du jour en question.

Véridique : une femme née un 18 février, jour de la Sainte-Bernadette, est devenue clairaudiente ! — Bernadette Soubirous n'avait-elle pas entendu des voix ?

Et que déduiriez-vous, par exemple, pour un natif du 29 octobre, jour de la Sainte-Narcisse ?

Que vous inspire une rencontre amoureuse née sous le 31 mai, jour de la Visitation ?…

Le nom des villes et des voies

Vivre rue du Clou-dans-le-Fer, ou bien rue des Martyrs, est-ce aussi rayonnant que de posséder pour adresse rue de l'Espérance ou rue de la Concorde ? Il en est de même pour les noms de villes qui ont une connotation plaisante ou vraiment repoussante !

Une approche sensée

Le Feng Shui influence aussi l'effet exercé par les noms et les sonorités. Un expert est apte à trouver un nom en combinant des dates et des sons (la méthode est hélas un peu trop complexe pour un débutant !).

Le futur parent qui souhaite trouver un prénom à l'enfant à naître pour lui assurer un bonheur continu consultera un maître en Feng Shui.

Un abc panaché

C'est donc après cet intéressant approfondissement que nous passons insensiblement de la résonance et du son à un autre genre de vibration : la couleur !

N.B. : Chaque son possède une vibration colorée. Mais ce n'est pas le réel propos du Feng Shui.

Le secret des couleurs

« Les parfums, les couleurs et les sons se répondent. »

Charles Baudelaire - *Correspondances*.

Un émouvant arc-en-ciel

Les sept couleurs de l'arc-en-ciel ont été mises en corrélation avec les sept notes de la gamme et les sept jours de la semaine, les sept planètes, etc.

Chaque couleur éveille en nous des significations bien précises qui nous influencent, nous et ceux qui nous entourent !

Même nos prosateurs et versificateurs, comme beaucoup de gens, donnent aux couleurs une valeur symbolique : le noir éveille en eux des idées de mort, le blanc des idées de pureté, le vert, des idées de sérénité. Ainsi Balzac, dans *La Fille aux yeux d'or*, déclare-t-il que *« l'âme a je ne sais quel attachement pour le blanc, l'amour se plaît dans le rouge, et l'or flatte les passions »*.

Une inspiration poétique

Comme le composait Arthur Rimbaud :

« A noir, E blanc, I rouge, U vert, O bleu : voyelles,
Je dirai quelque jour vos naissances latentes… »

Quant à Victor Hugo, il écrivait :

« Ne penserait-on pas que les voyelles existent pour le regard presque autant que pour l'oreille, et qu'elles peignent des couleurs ? On les voit. A et I sont des voyelles blanches et brillantes. O est une voyelle rouge. E et EU sont des voyelles bleues. U est la voyelle noire. »

D'intéressants et de surprenants ouvrages traitant de l'audition colorée ont été écrits en Occident…

À travers le monde

Les couleurs offrent toujours et partout des supports de la pensée symbolique. Toutefois les interprétations peuvent varier et le blanc, par exemple, recevoir des sens divers selon les familles culturelles. Par exemple, en Chine comme en Afrique, le blanc est la couleur du deuil !

Une constance

Une couleur brillante est positive, lumineuse, active, une couleur mate est négative, éteinte, passive.

Les couleurs chaudes : jaune, orange et rouge ont un pouvoir stimulant, excitant tandis que les couleurs froides : bleu, indigo et violet ont un pouvoir apaisant et sédatif.

Différents pouvoirs

Les couleurs ont une influence directe sur la psyché ; la chromothérapie, d'ailleurs, a été développée pour soigner des maux divers, psychiques ou psychosomatiques.

Les couleurs sont essentielles pour les hommes de marketing qui étudient la teinte idéale qui fera vendre le nouveau produit, en fonction du message qu'ils veulent faire passer et de la clientèle qu'ils veulent cibler.

Les cinq éléments

Les cinq éléments ont une couleur (se reporter au tableau p. 31) :

Le feu est rouge, couleur favorable.

L'eau est noire ou bleu-noir.

Le bois est vert.

Le métal est blanc, parfois gris ou doré.

La terre est jaune, ocre ou brune.

Le Yi King attribue une couleur aussi aux points cardinaux…

Le pouvoir des couleurs

- Le BLANC est en Chine, nous l'avons vu, la couleur du deuil ; il est la couleur de l'automne et de la vieillesse, du malheur, mais il est aussi symbole de pureté, de virginité. Le blanc, c'est « l'absence de couleur » !
- Couleur des ténèbres et de l'obscurité, le NOIR est néfaste : un chat noir peut apporter le malheur dès qu'on le croise, un corbeau est associé à la mort, les poules noires sont utilisées en sorcellerie. Dans un conte populaire, « Le vilain petit canard » naît noir dans famille de cygnes blancs… et en est exclu !
- Le ROUGE est « la » couleur la plus ancienne ; elle évoque la guerre et le sang, les larmes et la passion, mais aussi l'amour, la joie et la vitalité sexuelle : une jeune mariée chinoise s'habille en rouge le jour de ses

noces. En Chine, on célèbre le mariage avec de multiples objets décoratifs et lanternes rouges. Il incarne aussi la couleur de la révolution : rappelons-nous *Le Petit Livre rouge* du président Mao Tsê-tung.

- Couleur du ciel, le BLEU est associé au spirituel, à la paix, à l'eau. En Occident, le bleu est la couleur de la naïveté (être fleur bleue ; n'y voir que du bleu !), de la fidélité, du rêve et de la royauté.
- VERT… j'espère ! Couleur de l'espoir et du printemps, du repos et de la nature (se mettre au vert). Il est devenu, en Occident, la représentation de l'écologie. En Chine, le dragon vert symbolise le principe du yin.
- Le JAUNE, comme le soleil, est intense et aveuglant, couleur de l'or et de l'éternité. Le jaune est en Chine la couleur de l'Empereur mais, dans le théâtre chinois, il évoque la cruauté et le cynisme ; le jaune peut être aussi la couleur de la tromperie. Ambivalence donc pour cette teinte divine qui inspire malgré tout encore aujourd'hui une espèce de méfiance…

La couleur dans l'art du Feng Shui

Lorsqu'elles sont utilisées en harmonie avec le concept des cinq éléments, les couleurs peuvent activer les secteurs de votre foyer. Il suffit de les utiliser à bon escient. En Chine, par exemple, le rouge est très utilisé dans les commerces parce qu'il procure la joie.

La théorie des couleurs, ici, concerne tout ce qui touche à la vie quotidienne, c'est-à-dire l'habitation, les vêtements, les objets, et même les aliments…

Le secret des formes

« Toute création est, à l'origine, la lutte d'une forme en puissance contre une forme imitée. »

André Malraux -
Psychologie de l'art.

Des symboles universels

La géométrie est avant tout une harmonie des formes. Elle est fortement utilisée, symboliquement parlant, dans des religions, comme l'islam et le judaïsme, qui redoutent, par crainte de l'idolâtrie, de représenter directement des êtres vivants.

- Le CARRÉ représente la création, la terre, la stabilité. Il est le symbole de l'univers. En Chine, l'espace est découpé ou constitué de carrés emboîtés les uns dans les autres. N'oublions pas qu'il existe des « carrés magiques » à valeur cosmologique.
- Le TRIANGLE représente la spiritualité, l'ascension et, pointe en haut, le sexe masculin, pointe en bas, le sexe féminin. Il évoque la Trinité, l'œil omniprésent dans le « delta lumineux », tel l'œil de Dieu. Les francs-maçons y voient un insigne prédestiné ; il signifiait, à la base, la « durée ».
- Le CERCLE rappelle la forme du soleil et de la lune et représente la douceur et la fécondité mais aussi l'unité, l'universel et l'éternité. Symbole de perfection et d'indivision, il évoque le ciel, l'immuable. Il suggère la

protection : on en fait un usage magique en en traçant un autour de soi pour se défendre de ses ennemis ou pour ne pas être agressé. L'anneau est un signe d'attachement telle l'alliance…

- La CROIX : la tradition chrétienne a beaucoup enrichi sa valeur symbolique, néanmoins et en premier lieu, elle détermine une orientation dans l'espace, un point de rencontre des opposés (le haut et le bas, la gauche et la droite). La croix figure aussi la position de l'être humain, bras écartés !

Une duplication

La symétrie est un équilibre, une harmonie, une égalité, un accord… Elle exprime une opposition qui témoigne d'une unité. Elle étouffe quand même la spontanéité et l'esprit créatif, laissant peu de place à l'intuition et à l'imagination. Elle fait effet de miroir…

Pour une dynamique

Jouer avec les espaces et les formes est prépondérant pour la circulation du bon chi dans son environnement (le bon chi ne doit pas stagner). Manier les vides et les pleins, c'est construire l'univers, « son » univers ! Pareillement à la main de Dieu, l'individu, lorsqu'il habite et agence son espace, compose « sa » vie, la vie qu'il aura dans « ce » lieu vu que *« ce qui est en bas est comme ce qui est en haut »* (enseignement taoïste !). L'homme dans son foyer foule donc de ses pieds « son » univers et ce petit cosmos (microcosme) doit être pénétré de bon chi !

Gare à la flèche !

Symbole de la pénétration ou de la blessure, la flèche indique aussi une orientation, une direction ! Toutefois, elle menace, tel un missile à la pointe effilée avant et ailerons de stabilisation arrière. La flèche devient alors agressive !

Très importante dans l'art du Feng Shui, la flèche peut être « empoisonnée » lorsqu'elle porte une ligne d'énergie directe et violente. Il est nécessaire d'éviter d'installer un siège ou un lit face à, ou sous, ces lignes (exemple, les poutres d'un plafond, l'arête tranchante d'un toit ou d'un immeuble, une route droite et longue, le centre d'une croix ou d'une forme en Y, un arbre ou un pylône isolé, etc.). Bref, toute forme menaçante provoque un effet destructeur…

Moult sensations

Un triangle, avec les pointes aiguës, possède un Feng Shui défavorable. Il « pique ». Avec des coins arrondis, son énergie devient passable. Une forme ronde, courbe ou onduleuse comme un serpent est heureuse : lorsque l'on se place à l'intérieur de la boucle, lorsque l'on vient s'y lover, on se sent immédiatement protégé. Un cercle renferme, barde, défend, rassure ou… isole si l'on se place en son centre. Un carré, dressé sur un de ses côtés, est stable. Avec lui, on a un sentiment de droiture, de franchise, de fermeté et de sincérité.

Rompre avec le tragique

Il est possible de contrarier le parcours d'une flèche empoisonnée en « cassant » son parcours, son élan, par exemple en construisant un rond-point face à l'immeuble menacé par une rue rectiligne qui lui fait face. Des astuces complémentaires seront développées dans le chapitre final à propos du mauvais chi.

L'art du Feng Shui

Tout le système du Feng Shui repose sur le fait de conserver l'énergie favorable (ce que les Chinois appellent le Sheng Chi) et d'évincer le Shar Chi, énergie défavorable, « le Souffle qui tue » !

Il est fondamental de ne pas stagner face à ce souffle destructeur, c'est-à-dire ne pas y manger, travailler, se reposer, ni y demeurer tout simplement !…

Le Feng Shui
et l'habitation

La topographie

Une bonne orchestration

Comme nous l'avons vu précédemment, l'art du Feng Shui demande un exercice constant d'harmonisation, d'équilibre entre le yin et le yang dans son environnement immédiat : unisson, cohésion entre les forces mises en présence, à commencer par les modelés topographiques qui entourent le foyer, c'est-à-dire, vue d'ensemble du paysage mais aussi ses constructions, ses points d'eau, ses voies, ses hauteurs, etc.

Trop, c'est trop

Toute la quantité d'énergie qui jaillit de l'agencement du site doit être tempérée pour que le chi soit favorable : harmonie entre les forces yin et yang, au risque, sinon, de voir se déclencher des vibrations menaçantes et nocives.

Imaginons un plateau sans édifice : la force qui en émane est yin ; puisque le vent le balaye sans retenue, avec un élan yang, les deux énergies rencontrées se heurtent violemment. Il ne fait pas bon musarder sur un plateau les jours de grand vent !

Idem dans une chaîne de montagnes : où y a-t-il un endroit pour se relaxer ? L'œil est agressé par le rythme graphique occasionné, les pieds n'ont rien de plat pour se poser, etc. Trop de force yang qui laisse peu de place à l'énergie yin idéale pour paresser…

En réfléchissant bien

Comment est-il possible de vivre bien dans un endroit trop plat ou dans un endroit trop rocailleux ? L'idéal, en effet, serait que les rythmes soient partagés et, mieux encore, il nécessiterait que le terrain soit composé de formes ondulées et sinueuses, bref, douces.

En allant plus loin

Il est encore fondamental que les proportions soient respectées. Imaginons que l'énergie d'un terrain trop plat puisse être améliorée grâce aux astuces d'un paysagiste (pièce d'eau artificielle, apport de roches, plantations, etc.), il serait négatif de bâtir une maison trop massive, écrasant, par son outrance, l'environnement ! Les futurs résidents y séjourneraient en déséquilibre et souffriraient de malaises ou de malchance.

La clé des champs

Lorsque les formes d'un terrain peuvent être comparées aux créatures mythiques ou aux animaux célestes (dragon, tigre, tortue, phénix), nous savons discerner un endroit représentatif du chi idéal surtout lorsque le dragon et le tigre sont respectivement placés à l'est et à l'ouest, et la tortue et le phénix au nord et au sud.

Idéalement, la colline « à dos de tortue » doit protéger l'arrière de la maison des vents du nord. Devant l'habitation, un petit monticule qui symbolise le phénix rouge est identifié comme un repose-pied représentant une existence facile. Les collines les plus hautes sont celles du dos du dragon et les plus basses, celles du tigre.

Lorsque tous ces éléments sont convenablement ordonnés, le symbolisme s'avère parfait et le Feng Shui hautement favorable.

La clé des villes

Le Feng Shui étant basé sur des principes traditionnels, il est devenu nécessaire d'adapter cette doctrine aux colossales constructions de l'homme.

Il faut savoir transposer : dans une cité, les édifices à étages et les pylônes changent le modelé des paysages ; ils se substituent aux montagnes. Quant aux routes, elles doivent être associées aux rivières… Là aussi, il faut trouver un endroit harmonieux pour vivre et s'épanouir. Ce qui n'est pas évident ; par exemple, vu d'avion, l'autoroute et ses bretelles d'accès forment des « nœuds », et sous terre, le métro, entre autres, constitue des réseaux enchevêtrés. Autant de formes déséquilibrées si elles se trouvent seules en jeu.

Imaginez que, comme dans un dessin animé, les modelés du paysage soient soudainement vivants et que toutes les formes saillantes s'activent : quel danger ! Les couleurs sombres, les orientations malheureuses, les énergies contraires, forces mauvaises et cachées, anéantiraient vite un petit être perdu au milieu de cette grande cité !

La perception du paysage

L'œil humain fait, par un balayage rapide, sa première analyse d'un paysage ; en effet, il explore l'image par un incessant mouvement afin d'en couvrir la plus grande partie. Il se laisse guider par les lignes qui caractérisent le relief et l'occupation du sol en faisant appel à sa mémoire et à ses références ; alors son observation donne lieu à une évaluation positive ou négative : l'appréciation ! Celle-ci est subjective parce qu'elle est sélective, mais l'individu possède déjà un bon ou un mauvais ressenti de l'endroit qui se présente à lui.

S'y retrouver

Il est plus aisé, bien entendu, d'élire un paysage favorable dans un site campagnard : les collines et les étendues d'eau, les plateaux et les pylônes, les chemins et les routes présentent immédiatement un schéma décryptable pour un œil novice. En revanche, comment s'y retrouver dans une agglomération, dans une métropole ? À y bien regarder, les tours, les édifices à étages, les zones industrielles, les ponts ou autoponts avec leurs couleurs et leurs emplacements, peuvent figurer, eux aussi, des tigres et des dragons entre autres : il suffit simplement de schématiser créativement les aspects du paysage.

Il faut se méfier des « flèches empoisonnées », celles évidentes parce qu'existantes mais celles aussi qui viendront modifier demain votre environnement, provoquant un mauvais chi, comme l'installation d'un réverbère face à votre porte d'entrée, voire une réfection et modification de façade de l'immeuble visible de votre entrée principale.

L'ORIENTATION

Une question de bon sens

La méthode la plus utilisée actuellement par les experts en Feng Shui est celle de la « direction » de l'habitation, celle-ci étant déterminée par la direction des portes de devant et des portes de derrière la maison.

Cette théorie se base sur le Pa Kua octogonal : 8 côtés, 8 orientations, 8 trigrammes, 8 secteurs et 8 types de maisons répartis en deux genres : les maisons de l'est et les maisons de l'ouest (quatre, donc, dans chaque groupe !).

Déterminer le bon sens ?

C'est la direction de votre porte de devant qui identifiera le genre d'habitation que vous avez. Est ou ouest ? Pour cela, placez-vous à l'intérieur de votre demeure et définissez votre orientation ; si vous avez des difficultés, repérez-vous à partir de votre pas-de-porte arrière pour vous situer !

Le groupe ouest s'avère être l'ennemi du groupe est puisque les éléments qui leur sont attribués (voir tableau ci-dessous) sont en relation destructrice.

Les maisons est sont associées avec les éléments feu, eau et bois ; les maisons ouest, avec le métal et la terre.

Pour améliorer le Feng Shui des maisons de l'est, il est astucieux de fleurir, d'éclairer et d'ajouter des pièces d'eau à la demeure. Pour stimuler le Feng Shui des habitations du groupe ouest, il est bon d'y placer, entre autres, des cristaux et des carillons.

Maisons EST

ORIENTATION PORTE DE DEVANT	ORIENTATION PORTE DE DERRIÈRE	NOM DU TRIGRAMME	ÉLÉMENT
—	—	—	—
Nord	Sud	Li	Feu
Sud	Nord	K'an	Eau
Ouest	Est	Tchen	Bois
Nord-Ouest	Sud-Est	Souen	Bois

Maisons OUEST

ORIENTATION PORTE DE DEVANT	ORIENTATION PORTE DE DERRIÈRE	NOM DU TRIGRAMME	ÉLÉMENT
—	—	—	—
Sud-Est	Nord-Ouest	K'ien	Métal
Nord-Est	Sud-Ouest	K'ouen	Terre
Sud-Ouest	Nord-Est	Ken	Terre
Est	Ouest	Touei	Métal

Une nature « est » ou « ouest »

Vous aussi, être humain, vous appartenez à un groupe déterminé, est ou ouest, en fonction de votre sexe et votre date de naissance !

Selon votre année (attention, l'année chinoise commence début février !), vous allez pouvoir identifier votre groupe dans les tableaux ci-dessous. Exemple : né un 14 janvier 1971, vous utiliserez 1970 comme année de référence !

L'année de naissance indique le nom d'un trigramme qui devrait idéalement correspondre à celui déterminant la situation de votre habitation. Pour un Feng Shui parfait, une personne Li doit vivre dans une demeure Li.

Bien évidemment, lorsque une famille entière vit sous le même toit, c'est l'année de naissance du chef de famille qui est à considérer !...

LES HOMMES

• **Groupe** OUEST :

K'IEN : 1931 1940 1949 1958 1967 1976 1985

K'OUEN : 1932 1935 1941 1944 1950 1953 1959 1962 1968 1971 1977 1980 1986 1989

KEN : 1938 1847 1956 1965 1974 1983

TOUEI : 1930 1939 1948 1957 1966 1975 1984

• **Groupe** EST :

LI : 1937 1946 1955 1964 1973 1982

K'AN : 1936 1945 1954 1963 1972 1981

TCHEN : 1934 1943 1952 1961 1970 1979 1988

SOUEN : 1933 1942 1951 1960 1969 1978 1987

LES FEMMES

• **Groupe** OUEST :

K'IEN : 1937 1946 1955 1964 1973 1982

K'OUEN : 1933 1942 1951 1960 1969 1978 1987

KEN : 1936 1939 1945 1948 1954 1957 1963 1966 1972 1975 1981 1984

TOUEI : 1938 1847 1956 1965 1974 1983

• **Groupe** EST :

LI : 1931 1940 1949 1958 1967 1976 1985

K'AN : 1932 1941 1950 1959 1968 1977 1986 1989

TCHEN : 1934 1943 1952 1961 1970 1979 1988

SOUEN : 1935 1944 1953 1962 1971 1980 1989

Remédier à l'imparfait

À moins de dénicher la maison idéale et de déménager pour l'occuper, il est difficile de changer l'orientation de sa porte d'entrée et impossible de changer celle d'une maison. (Dans un immeuble collectif, c'est l'entrée de votre appartement qui devra être prise en compte !)

Si les directions des portes ne vous correspondent pas et que vous ne pouvez rien transformer, modifiez l'attribution des pièces : adoptez vos bons secteurs et excluez ceux qui vous sont néfastes !

La distribution des pièces

À chacun sa disposition

Le sud, l'est, le sud-est et le nord sont de bons secteurs si vous êtes du groupe est. Le nord-est, le nord-ouest, le sud-est et l'ouest vous seront bénéfiques si vous êtes du groupe ouest.

La théorie du découpage

Toute habitation peut être scindée en huit parties. Quatre bons secteurs et quatre moins bons. Chaque zone coïncide avec un élément de vie, chacune d'elle engendrant un rythme de vie différent en fonction du chi qui y réside.

Ces 8 espaces correspondent aux 8 côtés du Pa Kua et à ses 8 orientations. Ces emplacements renferment certaines propriétés, heureuses ou non.

Les bons secteurs

- Le secteur principal est l'endroit où il est bon de se reposer, idéal pour la chambre à coucher !
- Le secteur santé est l'espace parfait pour installer les membres de la famille de petite santé ; sinon, placez-y la salle à manger ou la pièce à vivre.
- Le secteur prospérité, évidemment, demeure le sec-

teur exemplaire pour installer l'espace de travail, la porte d'entrée ou la chambre du chef de famille. C'est celui qui nécessite d'être le plus activé pour obtenir la prospérité, la richesse et le bien-être de votre foyer.

- LE SECTEUR LONGÉVITÉ s'avère être le lieu rêvé pour y installer les personnes vieillissantes.

Les mauvais secteurs

- LE SECTEUR TRACAS : ici, les discordes et les colères, les exaspérations quotidiennes se déclenchent. Évidemment, rien d'agréable ne peut vous arriver si vous faites de cet espace une pièce à vivre. Placez-y les toilettes, les penderies ou le débarras.
- LE SECTEUR ADVERSITÉS signifie la duperie, la rouerie, la trahison, l'escroquerie, les procès, le vol et les déficits. La pièce qu'il contiendra devrait posséder une évacuation d'eau ; en faire donc une cuisine, des toilettes ou un coin toilette.
- LE SECTEUR RUINES génère l'oisiveté, le désordre, le parasitisme, l'apathie. Conservez-le pour en faire un réduit, une penderie, les « petits coins » ou la cuisine.
- LE SECTEUR DESTRUCTION symbolise la fatalité avec accidents ou santé déficiente, malheurs ou longue maladie, deuil ou mort.

Ne pas en rester là

Lorsque vous aurez identifié les emplacements suprêmes pour installer les vôtres et obtenir une vie meilleure, il vous sera profitable de couronner votre recherche en activant les secteurs les plus intéressants.

Pour mieux faire

Lorsque vous avez terminé l'examen de votre maison, si vous vous apercevez que vous avez des toilettes dans le secteur de bonne fortune, il vous suffira de condamner cet endroit en ne l'utilisant pas ! Si vous ne pouvez dormir autrement que dans un secteur néfaste, veillez à ce que la direction de votre tête puise une énergie favorable dans un site à énergie favorable !

UN RÉCAPITULATIF

VOTRE MAISON EST CHIEN :

• son secteur principal est	NORD-OUEST
• son secteur santé est	NORD-EST
• son secteur prospérité est	OUEST
• son secteur longévité est	SUD-OUEST
• son secteur tracas est	SUD-EST
• son secteur adversités est	EST
• son secteur ruines est	NORD
• son secteur destruction est	SUD

VOTRE MAISON EST K'OUEN :

• son secteur principal est	SUD-OUEST
• son secteur santé est	OUEST
• son secteur prospérité est	NORD-EST
• son secteur longévité est	NORD-OUEST
• son secteur tracas est	EST
• son secteur adversités est	SUD-EST
• son secteur ruines est	SUD
• son secteur destruction est	NORD

VOTRE MAISON EST KEN :

- son secteur principal est NORD-EST
- son secteur santé est NORD-OUEST
- son secteur prospérité est SUD-OUEST
- son secteur longévité est OUEST
- son secteur tracas est SUD
- son secteur adversités est NORD
- son secteur ruines est EST
- son secteur destruction est SUD-EST

VOTRE MAISON EST TOUEI :

- son secteur principal est OUEST
- son secteur santé est SUD-OUEST
- son secteur prospérité est NORD-OUEST
- son secteur longévité est NORD-EST
- son secteur tracas est NORD
- son secteur adversités est SUD
- son secteur ruines est SUD-EST
- son secteur destruction est EST

VOTRE MAISON EST LI :

- son secteur principal est SUD
- son secteur santé est SUD-EST
- son secteur prospérité est EST
- son secteur longévité est NORD
- son secteur tracas est NORD-EST
- son secteur adversités est OUEST
- son secteur ruines est SUD-OUEST
- son secteur destruction est NORD-OUEST

Votre maison est Tchen :

- son secteur principal est — EST
- son secteur santé est — NORD
- son secteur prospérité est — SUD
- son secteur longévité est — SUD-EST
- son secteur tracas est — SUD-OUEST
- son secteur adversités est — NORD-OUEST
- son secteur ruines est — NORD-EST
- son secteur destruction est — OUEST

Votre maison est Souen :

- son secteur principal est — SUD-EST
- son secteur santé est — SUD
- son secteur prospérité est — NORD
- son secteur longévité est — EST
- son secteur tracas est — NORD-OUEST
- son secteur adversités est — SUD-OUEST
- son secteur ruines est — OUEST
- son secteur destruction est — NORD-EST

Votre maison est K'an :

- son secteur principal est — NORD
- son secteur santé est — EST
- son secteur prospérité est — SUD-EST
- son secteur longévité est — SUD
- son secteur tracas est — OUEST
- son secteur adversités est — NORD-EST
- son secteur ruines est — NORD-OUEST
- son secteur destruction est — SUD-OUEST

À chacun son truc

Pour localiser les secteurs de votre habitation, faites-en un plan exact en orientant la porte d'entrée convenablement. Trouvez ensuite le centre du schéma puis, à partir de là, tracez un cercle que vous diviserez en huit parties égales.

Dans une maison en L, par exemple, il est nécessaire de la partager en deux parties distinctes. Pour une maison en U, décomposez en trois.

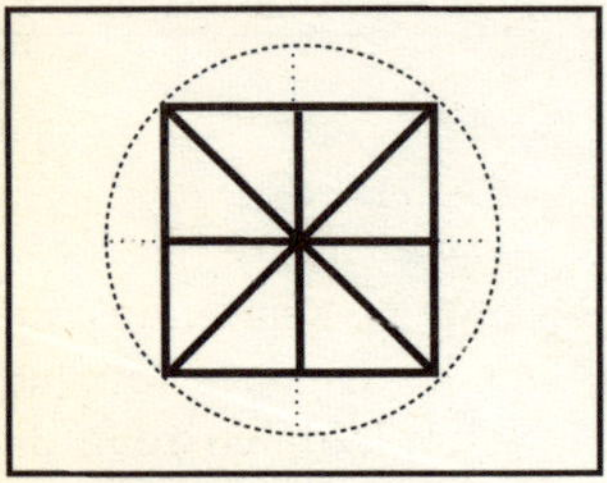

Découper en 8 parties.

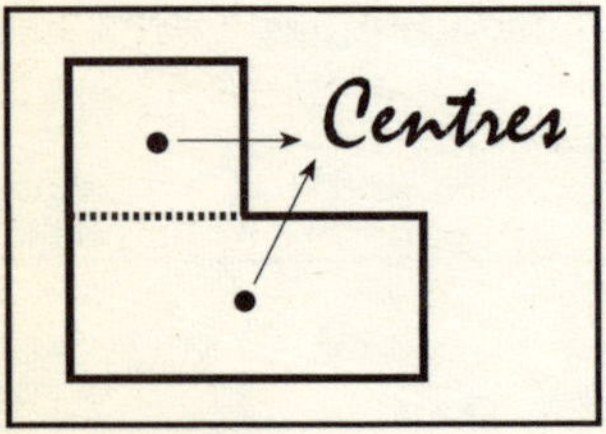

Maison en L à diviser en 2 avant de localiser les 8 secteurs.

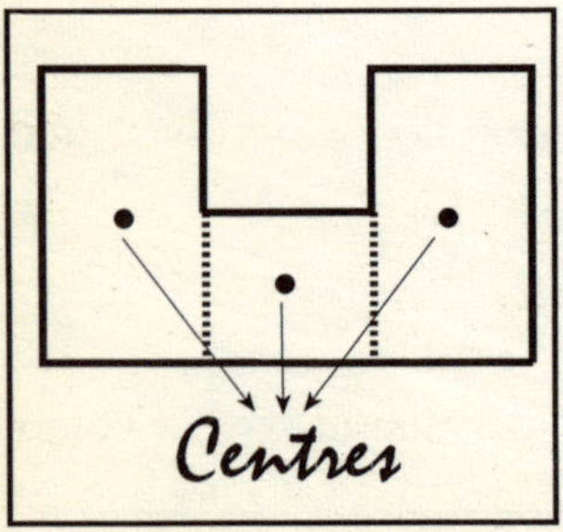

Maison en U à diviser en 3 avant de localiser les 8 secteurs.

Désignez le devant de votre maison comme étant le côté qui fait face à une aire dégagée (espace vert, voie principale, surface découverte, etc.) parce que le chi y est plus favorable.

Si vous ne rencontrez pas cette situation ou si votre habitation possède une forme irrégulière, définissez alors l'arrière de votre bâtisse ; il s'agit du côté qui se trouve protégé par un ou des grands bâtiments, tout comme autrefois, lorsque les maisons étaient adossées à une colline ou à une chaîne de montagnes.

Placez ensuite une boussole sur ce plan afin de localiser les huit secteurs de surface égale.

Un retour au Pa Kua

Il est encore possible de superposer le Pa Kua sur le plan de votre logis afin d'en déterminer les espaces lorsque vous connaissez leur orientation. Selon la disposition du ciel postérieur (schéma page 37), vous associerez vos ambitions selon l'exposition de chaque emplacement. Par exemple, vous choisirez, pour vos aspirations professionnelles, le secteur nord K'an.

Souvenez-vous que les Chinois placent le nord en bas !

Rappel des trigrammes

K'IEN : NORD-OUEST

K'ien soutient l'arrivée d'inspirateurs, de conseillers ou d'aide.

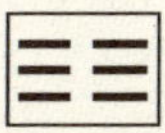

K'OUEN : SUD-OUEST

K'ouen encourage l'affection, le mariage et la conjugalité.

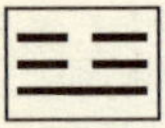

TCHEN : EST

Tchen favorise l'harmonie familiale et la bonne santé.

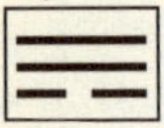

SOUEN : SUD-EST

Richesse et prospérité pour l'espace qui lui sera attribué.

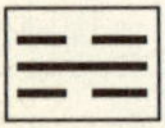

K'AN : NORD

Les perspectives professionnelles seront excellentes sous la protection de K'an.

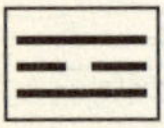

LI : SUD

Li pousse vers le succès social, la bonne réputation et les honneurs.

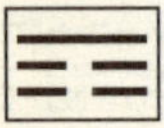

KEN : NORD-EST

Ken est excellent pour l'éducation.

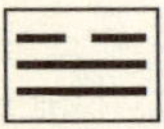

TOUEI : OUEST

Voici par excellence le secteur des enfants !

L'AMÉNAGEMENT DES PIÈCES

L'entrée dans les lieux

Le vestibule, ou l'entrée, est l'espace premier dans lequel nous pénétrons, celui qui dévoile le mystère initial de l'habitation et de ses résidents.

Le visiteur discerne déjà le mode de vie du maître des lieux et en tire inconsciemment ses premières conclusions. C'est d'ailleurs dans cet espace que se manifeste le chi général de la demeure…

Il est fondamental que l'invité y entre de bon cœur et s'y sente guilleret, désireux d'approcher plus encore. Si l'un de vos proches vous souligne qu'il éprouve un malaise en franchissant votre porte, si vous-même rentrez chez vous de mauvaise humeur ou à contrecœur, vous devrez rechercher la cause de ces vibrations négatives et y mettre bon ordre !

L'entrée n'est pas un endroit fourre-tout, un dépôt à balais ou à boîtes à chaussures, encore moins un garage à vélos, ni une réserve de tavernier. Ôtez donc de là les caisses de limonade, les bagages volumineux, les sacs de sport, etc. Préférez une console supportant un vase d'époque, un tapis douillet et une lumière douce : agréable au regard, ce mobilier accueillera décemment l'hôte que vous attendez et l'encouragera à fréquenter votre foyer.

Un Feng Shui favorable se mesure à l'harmonie ressentie par un individu qui pénètre votre logis. S'il a envie de faire demi-tour, à l'évidence, le bon chi n'a pas envahi votre foyer !

IMPORTANT :

- La porte d'entrée doit préférablement se trouver à gauche (vue de l'intérieur !) puisqu'elle est soutenue par l'énergie du dragon. Si la porte se trouve à droite, elle est hélas sous l'emprise des forces du tigre qui provoque des dégâts dès qu'il se met en mouvement !
- Aucun escalier ne doit se trouver devant cette porte.
- Aucun miroir ne doit lui faire face puisque son effet réfléchissant peut renvoyer, réexpédier ailleurs le bon chi s'introduisant dans votre logis.

La cuisine

Lieu capital du foyer parce que c'est celui-ci qui « nourrit », alimente, etc. Dans cet endroit, deux éléments sont en présence : le feu et l'eau ; ils sont indispensables pour la préparation d'un repas. Toutefois, rappelons-nous que ces deux forces sont ennemies : l'eau peut éteindre le feu ; il s'avère alors essentiel de séparer, dans le concret, la cuisinière de l'évier !

L'âtre — de nos jours la cuisinière, même si elle est électrique ! — est idéalement positionné lorsqu'il est orienté vers l'est ou le sud puisque le vent y souffle activement et attise considérablement les flammes ! Tout ce qui est donc en rapport avec l'eau (évier, lave-vaisselle, etc.) doit se trouver à l'opposé, soit au nord ou à l'ouest.

La hotte aspirante est idéale pour éviter les odeurs de cuisson, désagréables lorsqu'elles stagnent. Un bon chi ne peut résider assemblé à ces émanations répugnantes. Il est de même bon de dissocier le coin repas du coin cuisson par un paravent, une étagère de séparation ou une porte coulissante s'ils doivent se trouver dans la même pièce.

IMPORTANT :

- Le lave-vaisselle, le lave-linge ou l'évier, bref, tout ce qui a un rapport avec l'eau, ne doit pas être accolé à la cuisinière.
- La table de repas ne doit pas être encombrée de bibelots inutiles.
- À éviter : la cuisine contiguë à la chambre à coucher ; il est préférable qu'elle soit située à l'est ou au sud.
- La cuisinière doit être orientée est ou sud ; les appareils ayant une arrivée ou évacuation d'eau devront être disposés à l'ouest ou au nord.
- La télévision est à bannir de cet espace !

Le salon

Pièce à vivre, lieu de rencontre, de convivialité et de détente, moult événements, échanges et conversations, voire pensées, y sont centralisés. Souvent, le salon est situé au cœur de l'appartement : il est fondamental qu'il soit facilement accessible à tous les membres de la famille, alors le bon chi y circulera favorablement.

IMPORTANT :

- Il faut que le salon soit promptement abordable pour tous les participants de la cellule familiale. Gardez-vous de le « planquer » au fond de l'appartement, positionné au bout d'un long couloir sinueux ; mais il ne doit pas être non plus ouvert à toutes les autres pièces de la maison.
- Il est important de pouvoir y accéder aisément dès que l'on franchit le seuil de la maison.
- La clarté est indispensable à ce lieu qui gagne à être aussi lumineux que possible.

- Cet endroit doit respirer l'intimité et la sérénité. Quiconque doit avoir envie de s'y installer.
- Aucun contraste choquant ou dissonant (par exemple mélange de style ou de genre) dans la décoration de cette salle de séjour.

La chambre des parents

Voici l'endroit où l'être humain se régénère en y consacrant un tiers de sa vie ! Pendant cette opération, il s'abandonne, devient encore plus vulnérable et, tandis que son corps et son âme épuisés se rechargent, l'homme nécessite de baigner dans un environnement énergétique et positif.

La position du lit s'avère capitale puisque les champs magnétiques influent dix fois plus sur un corps humain « engourdi ».

IMPORTANT :

- Le chi doit circuler autour du lit ; remédier au matelas posé sur le sol !
- Fuir les installations électriques à la tête du lit.
- Aucun miroir face au lit : ce serait parfait si vous évitiez de l'installer dans votre chambre à coucher !
- La porte serait mal placée si elle se situait devant ou derrière le lit.
- À bannir toute suspension lumineuse au-dessus du lit !
- Le chevet nécessite d'être appuyé contre un mur.
- Le matelas se doit d'être ferme.

La chambre des enfants

Pour la croissance et le bien-être de nos adorables bambins, il se justifie que le chi soit exceptionnellement positif puisque, jeunes pousses, nos chérubins pompent plus intensivement les vibrations qui les enveloppent.

IMPORTANT :

- Des couleurs tendres et claires doivent prédominer dans leur petit domaine.
- Les appareils électriques (téléviseur, ordinateur, réveil électrique, etc.) sont à exclure de leur fief.
- Le coin bureau doit être écarté du lieu de sommeil.
- En fonction de leur date de naissance, trouvez la position idéale du lit.

La salle d'eau, les toilettes

L'eau qui se trouve dans cet endroit contribue à nettoyer le corps, à évacuer la saleté.

Comme une sorte de purification, notre toilette quotidienne et nos déjections nous délestent, nous délivrent, nous équilibrent. Bien plus que ça, lorsque nous nous lavons ou nettoyons notre appartement, nous décrassons aussi notre âme… ; nous clarifions notre « intérieur » tandis que nous astiquons notre extérieur.

La présence de pourrissement, de salissures, entraîne l'apparition du *sha*, du « mauvais œil », de la scoumoune, de la guigne, du malheur… Un excellent chi doit alors indispensablement régner en ce lieu !

IMPORTANT :

- La salle de bains ou les « petits coins » ne peuvent pas être « ouverts » sur l'intérieur de l'appartement ; les portes doivent demeurer closes, l'endroit discret !
- Leur accès doit préférablement donner sur le couloir ; éviter le face à face avec la porte d'entrée, la cuisine ou la chambre à coucher.
- L'orientation nord est excellente pour ces salles d'eau.
- Des aérations s'avèrent indispensables, si possible présence de fenêtres.
- Chasser l'humidité entraînant d'épouvantables moisissures.
- Donner une grande importance aux matériaux ; la céramique, le carrelage restent, par exemple, hygiéniques. Abandonner les moquettes, tapis, etc.
- Plus ces pièces seront grandes, plus la circulation du chi se verra facilitée !

Le bureau, vie privée

Ici se concentre l'énergie du travail qui peut influencer votre vie professionnelle, que vous soyez ou non dans le monde des affaires. Dans un bureau, on traite de sa correspondance, de la communication, etc. Les enfants y font leurs devoirs. Bref, tout ce qui y est approfondi se confirme important pour l'avenir, tout ce qui y est entrepris doit être mené au succès.

Derrière votre bureau, une protection : une bibliothèque, un paravent, une défense ou un bouclier en quelque sorte… ! Aucune ouverture, porte ou fenêtre, ne doit se trouver derrière vous. Au contraire, un dosseret douillet, comme des rayonnages avec des livres qui « capitonnent » par exemple, s'avère excellent pour le Feng Shui ; ils renforcent. En revanche, un miroir placé derrière vous engendre un mauvais chi.

IMPORTANT :

- Il est essentiel de ne pas mélanger les « accessoires » de votre vie intime et ceux de votre cabinet de travail.
- La pièce doit être sobre, sans ornement inutile.
- Votre surface de travail ne doit pas être encombrée par des papiers, classeurs dont vous ne traitez pas, dans l'instant, les affaires.
- Votre aisance est indispensable ; votre position assise doit être agréable.

Le studio

Diviser pour régner

Vous voici dans une seule pièce, là où vous devez concentrer toutes vos activités et votre vie privée. Jusqu'à présent, le Feng Shui a démontré qu'il valait mieux séparer les lieux en fonction de leur occupation ; or ici, vous allez devoir morceler la place principale en plusieurs « abris » : un nid pour dormir, un coin salon pour vous détendre, un espace pour vous sustenter, une place pour étudier, dessiner ou travailler…

Pour y favoriser un Feng Shui prospère, utilisez moult subterfuges comme paravents, étagères, plantes, rideaux, etc.

Important :

- Si vous n'avez pas de corridor, il est bon que la porte d'entrée donne directement dans le coin cuisine.
- Une plante peut camoufler l'aspect fonctionnel de la cuisine.
- Des paravents séparent les espaces aux différentes fonctions.
- Si possible, placez votre lit dans la bonne direction.
- Veillez à ce que votre appartement soit bien aéré.

Le bureau

Le bureau, vie publique

Clarté nécessaire dans ce lieu appelé à supporter des affaires sombres, voire des situations compliquées à débroussailler.

Le Feng Shui, en cet endroit, s'il n'est pas excellent, engendrera des conditions difficiles, des fonctions moyennes, peu de rentabilité et des pertes sensibles.

Si le Feng Shui est mauvais, il empêchera la réussite de l'employé ou de l'homme d'affaires qui y œuvrera, produira sans doute le franc anéantissement de sa position.

Carrefour de débats ou d'embrouilles, le bureau est un lieu où vous passez une grande partie de votre vie, dans la concentration et la pression ; vous devez donc y faire pénétrer l'harmonie pour y trouver l'épanouissement.

Dans ce bureau, vous devez vous y trouver aussi confortablement qu'à votre domicile !

Important :
- Disposez des plantes qui transformeront la mauvaise énergie en énergie positive.
- Ornez vos murs de tableaux, de dessins, de tapisseries, qui ont un rapport avec votre profession.
- Pas « d'ouverture » derrière votre bureau.
- Confort du siège et aisance face à votre table de travail qui doit être dégagée d'objets ou de dossiers inutiles.
- Restez souriant…

Le magasin

La vie des affaires

L'emplacement de votre boutique a son importance !

Il est démontré que le Feng Shui était négatif dans les grandes artères dans lesquelles trop de monde circulait et qui ressemblaient à des flèches empoisonnées. Les gens passent et ne s'arrêtent pas forcément ; vous ne verriez circuler que des badauds !

Dans une pctite rue — plus intime —, les piétons prennent leur temps, se sentent plus détendus et conséquemment meilleurs « acheteurs ».

La porte d'entrée de votre affaire est déterminante pour votre réussite. Orientation et proportions de ladite porte sont à soigner pour obtenir des influences positives qui attireront le client.

Important :

- Il est préférable de ne pas installer votre commerce dans l'environnement d'un lieu de culte.
- Le magasin doit se trouver « sur la rue » et non pas dans le sous-sol d'un immeuble.
- Un seul accès suffit.
- Une grande porte d'entrée est préférable à une petite.
- Aucune flèche empoisonnée ne doit l'assaillir. Aucun angle de bâtiment, poteau, etc. ne doit lui faire face.
- Des plantes disposées à l'extérieur et encadrant cet accès s'avéreraient profitables.
- Une seule enseigne lisible et lumineuse (aucun résidu d'une inscription précédente !).

- Il est bon de pénétrer directement dans une grande salle plutôt que de se heurter directement à un escalier, un salon d'essayage, une cuisine ou des toilettes.
- Utilisez des miroirs pour donner l'impression d'un espace plus grand. Évitez toutefois d'en placer face à la porte d'entrée !
- La qualité de ce que vous commercez est capitale.
- La caisse qui reçoit l'argent, considérée de l'intérieur, se place sur la droite, du côté le plus stable, « du côté du tigre ».
- Son emplacement doit être dégagé d'objets ou de papiers inutiles.
- Si vous utilisez des penderies ou des armoires de rangement, veillez à ce qu'elles soient toujours fermées.

À savoir !

Vous avez sans doute entendu parler de ces cas de boutiques qui ne « marchaient » pas… Peu importe ce qui est commercialisé dans ce local, le commerçant fait systématiquement faillite. Pourquoi ?

Le Feng Shui apporte sa réponse : en fonction de la corrélation des éléments qui se pénètrent ou qui s'opposent, les métiers en dépendant peuvent s'associer ou, au contraire, doivent s'écarter.

Par exemple, un chausseur (élément terre), sis à proximité d'un bar (élément eau), ne peut s'attendre à une clientèle nombreuse et fidèle puisque la terre est l'ennemie de l'eau et réciproquement.

Le bois

Toutes les entreprises entrant dans cette catégorie ont un rapport direct ou indirect avec le bois comme les entreprises forestières, fermières, d'agriculture ou d'horticulture, ses auxiliaires et ses développements.

L'eau, faisant pousser le bois, est un excellent partenaire, complémentaire à souhait pour animer le Feng Shui.

Le feu

Excellentes affaires pour les commerces de type feu lorsque le rouge, la lumière ou le feu sont associés au décor de ces lieux. Les restaurants, traiteurs, etc. sont des métiers en corrélation avec l'élément feu, hélas facilement anéantis lorsqu'ils sont en rapport direct ou indirect avec les entreprises d'élément eau puisque l'eau éteint le feu.

La terre

Évidemment, sont du signe de la terre toutes les activités en rapport avec le terrassement, la construction, l'architecture, l'immobilier, la géologie, les ressources rocheuses (cristaux, sculpture, etc.). Se rapprocher des professions d'élément feu pour favoriser le Feng Shui.

Le métal

Les entreprises de type métal prospéreront en compagnie d'institutions d'attribut terre puisque la terre produit le métal ! Les aciéries, les mines, les industries, la tôlerie ou la carrosserie, les chaînes de montage, les fabrications ou commerces d'appareils correspondent à l'élément métal. La couleur rouge est à chasser de votre environnement puisqu'elle est associée au feu et que le feu fait fondre le métal.

L'eau

L'élément eau associe à ses principes toutes les activités en rapport avec le commerce et l'encaissement d'argent (banque, change, recouvrement, institutions financières, assurances...), l'échange, le transport — surtout maritime

— et le voyage. Rappelez-vous que le métal produit l'eau ; une banque située près d'une bijouterie (élément métal) prospérera en affaires de manière colossale.

Attention à l'estampille !

Les acheteurs sortant de votre boutique tiennent à bout de bras une pochette ou un sachet contenant leurs emplettes. Certains commerçants personnalisent ces sacs en y faisant imprimer leurs coordonnées, l'enseigne de leur magasin, ou leur logo.

Là aussi, prenez un soin particulier au choix des couleurs, aux proportions du contenu (achat) et du contenant (emballage) et surtout à l'élection du sigle qui vous caractérisera, vous et votre affaire, tout au long de votre entreprise professionnelle.

Revoyez attentivement la symbolique des formes…

Le jardin

L'art du paysage

Toujours dans l'équilibre et dans l'harmonie, il est possible d'aménager son jardin pour y concentrer un excellent Feng Shui.

Il suffit alors de retrouver les règles de l'environnement Feng Shui pour installer, autour de votre demeure, l'équilibre du yin et du yang favorisant l'épanouissement de votre vie et de celle de vos proches.

En gardant obstinément le jeu subtil de pleins et d'espaces proportionnés, vous arriverez à introduire, sans commettre d'impair, une tonnelle, un kiosque de jardin, une verrière, une véranda, un solarium, etc.

Attention aux murs ou aux clôtures qui isoleraient trop votre demeure ou qui lui seraient disproportionnés ; soyez encore attentif aux « flèches empoisonnées », pointes mal dirigées ou orientées vers le bas, qui exerceraient un effet destructeur.

Les piscines

L'eau, bénéfique dans votre jardin, doit être contenue dans un bassin ou une mare de forme profitable. Introduisez des poissons qui y favoriseront le chi ; toutefois ce bassin devra toujours être excellemment entretenu puisqu'une eau stagnante ou vaseuse produit une mauvaise énergie qui pourrait être catastrophique.

Quant aux piscines, il faut pareillement être attentif aux proportions : pas trop grandes, elles noieraient votre maison ; pas d'angles saillants qui s'avéreraient mauvais, pas de plongeoir pointant sur les marches d'accès au bassin. Encore une fois, être vigilant à l'entretien de l'eau.

IMPORTANT :

- Les piscines en forme de L ne sont pas recommandées.
- Une végétation luxuriante est formidable pour entretenir une énergie positive.
- Pas de plongeoir menaçant !
- Pas de disproportion dans les rapports entre le jardin ou la maison.
- Pour le bassin, une forme arrondie créera un chi positif pour les membres de la famille.
- Il est déconseillé de faire construire une piscine sur un toit ou une terrasse.
- Évitez toute forme hostile pointant vers le bassin ; toute flèche empoisonnée visant l'étendue d'eau s'avérerait tragique.

Le Feng Shui
et la décoration

La lumière et les ombres

L'ombre

Indispensable à notre vie, à nos réflexions, à notre détente, la pénombre nous repose, nous offre une amplitude à l'inspiration, à la création, à la méditation. Nous connaissons tous l'expression « se mettre à l'ombre » pour se mettre en recul, pour se « recentrer », se faire oublier…

Complément salutaire à la lumière, l'ombre accorde l'espace nécessaire pour nous récupérer.

La lumière

La lumière, élément clé de notre enthousiasme, nous tient en vie, nous énergisant. Il faut alors qu'elle devienne un outil essentiel de décor…

Avant tout, elle « éclaire » mais, dès le seuil d'une demeure, elle invite à pénétrer chaleureusement dans le lieu concerné puisque la lumière symbolise l'élément feu ; elle attire d'ailleurs les bons courants du chi !

Vu l'importance de l'entrée, il est avantageux que celle-ci soit bien éclairée. Si votre habitation, vos bureaux sont sombres, laissez en permanence les lampes allumées.

Le clair et l'obscur

À eux deux, à l'instar d'un damier, le contraste du noir et du blanc offre une énergie dynamique surtout si le rythme visuel en est accéléré.

Deux grandes étendues de yin et de yang délassent, telle l'alternance du jour et de la nuit, tandis que quand la cadence se presse, si les taches noires et blanches se heurtent, le désordre naît, le stress s'installe.

4 carrés noirs et blancs.

Désordre en noir et blanc.

Il est donc indispensable de retrouver une harmonie, l'équilibre entre ces deux forces mises en présence, qui apaisera l'individu baignant dans cet environnement.

Le secret du Feng Shui intervient favorablement ici, dans cet art de coordonner l'ombre et la lumière…

Considérer la forme

Une ombre saillante ou un éclairage à diffusion agressive dont la lumière propage une forme effilée présentent une importance capitale si ces figures d'ombre ou de lumière « attaquent » un angle important de votre environnement.

Évitez les formes hostiles et pointues pour les suspensions ou lampadaires qui diffuseraient, par leurs arêtes aiguës, un chi négatif.

Préférez des lampes et ampoules de couleurs douces ainsi qu'un profil galbé pour vos abat-jour…

Les objets

L'harmonie génère l'harmonie

Tous les objets qui provoquent une bouffée d'amour, grâce à leur esthétisme ou à la relation affective qu'ils entretiennent avec leur propriétaire, occupent une place importante dans l'apparition du bonheur.

Le sentiment engendré par la contemplation de l'objet estimé favorise l'énergie positive du Feng Shui.

Le symbolisme des animaux…

Les animaux deviennent des symboles grâce à leurs caractères, leurs couleurs, voire encore leur nom chinois qui, de consonance, peut être proche d'une situation poursuivie (richesse…), d'un état recherché (sagesse…) ou d'un rêve ambitionné (longévité…).

Par exemple, un couple de canards mandarins en bois symbolise la fidélité et la vie conjugale. L'éléphant incarne la sagesse ; la grue, la longévité. Les poissons attirent la richesse et la prospérité, le lion : la protection. La grenouille appâte la fortune tandis que le paon incarne l'emblème de la dignité et de la beauté.

Mythique mais de bon augure, l'unicorne ou le cheval dragon figure la sagesse et la joie, le bon esprit et la grandeur. Le cheval fait entrer la renommée dans votre vie.

La présence de leur représentation peinte ou sculptée accordera un bien meilleur destin à la personne qui les possédera dans son foyer.

Et les autres…

Des cœurs rouges activent le secteur du mariage ; les cristaux de quartz pareillement.

Un Bouddha qui rit, son gros ventre bien rempli, offre l'image du bonheur. Une statuette de la mère portant ou allaitant son enfant évoque avant tout l'amour et la tendresse mais aussi l'entente entre parents et enfants.

Les figurines

On trouve dans toutes les demeures chinoises la représentation des dieux ou des hautes dignités parce qu'ils attirent le bonheur et l'argent ; ils s'avèrent protecteurs en provoquant également un excellent Feng Shui.

Rétablir l'harmonie

En plus de leurs fonctions décoratives et symboliques, certains objets, comme le carillon éolien ou les cristaux taillés (à suspendre pour créer des arcs-en-ciel), atténuent les influences malheureuses et attirent un excellent Feng Shui.

Les baguettes du carillon éolien doivent être creuses afin que le bon chi puisse les parcourir ; leur tintement en est d'ailleurs plus aérien et mélodieux…

Les miroirs

Faire et ne pas faire

En se référant aux astuces utilisées par les décorateurs d'intérieur, vous vérifierez qu'un miroir grandit, allonge ou élargit une pièce en fonction de son emplacement ; il peut encore, par son réfléchissement, améliorer l'éclairage d'un espace.

Selon les règles du Feng Shui observées précédemment, souvenez-vous qu'aucun miroir ne doit se trouver face à la porte d'entrée ni même derrière votre table de travail ou votre bureau : vous risqueriez de mauvais effets en introduisant un mauvais chi dans votre logis.

Une bonne forme

Le miroir répercute la lumière, réfléchit une image et par conséquent il est, dans la doctrine du Feng Shui, l'objet idéal pour renvoyer, chasser le mauvais chi.

En fonction de ces mêmes propriétés, il peut bien évidemment être utilisé pour concentrer le bon chi. Dans ce cas, sa surface devra plutôt être plate et ronde.

Une bonne fonction

Le miroir convexe, quant à lui, n'est utilisé que pour renvoyer le mauvais chi pénétrant votre foyer. Le miroir devient alors un excellent mode de défense pour limoger les mauvaises énergies provenant, par exemple, d'angles saillants des bâtiments voisins, des poteaux électriques, de poutres apparentes, etc.

Le miroir concave, lui, permet de capter et de retenir tout ce qui est vibrations positives arrivant bénéfiquement dans votre demeure.

Attention, une banale glace peut, à la rigueur, chasser le mauvais chi mais ne peut, hélas, retenir le bon…

Adoptez la bonne forme en fonction de vos besoins !

Les tableaux

À la base

Bien avant l'écriture était le dessin ! Dans un tableau, une peinture, l'artiste exprime l'essentiel. Ne dit-on pas qu'une image vaut dix mille mots ?

Le dessin a toujours été un outil de communication ; d'ailleurs, avant d'inventer l'écriture, nos ancêtres utilisaient le langage des images.

À l'époque préhistorique, les hommes des cavernes reproduisaient des scènes de chasse et d'animaux qui représentaient l'essentiel de leur vie. Pareillement, l'enfant s'exprime déjà par le dessin avant de commencer à écrire…

Un décryptage

Le dessin sert aussi à simplifier : là où les mots deviennent impuissants, là où la compréhension du langage ou de la langue fait défaut, l'homme peut dessiner : imaginez-vous en pays étranger… !

La représentation graphique, la visualisation schématique de ce que vous voulez acquérir ou manifester, n'est-elle pas finalement accessible, compréhensible par tous ?

Une projection

Le tableau peint une scène, découpe une image de vie. Cette reproduction en elle-même transpose, par le choix du peintre, un message bref ou un long discours. L'artiste représente souvent son idéal, ce qui lui plaît, ce qui l'émeut. Au moins, la peinture et le dessin offrent, entre autres, l'extraordinaire possibilité d'exprimer l'âme humaine…

Le tableau et l'énergie

Contrairement au miroir qui réfléchit violemment et sans pitié l'image qui lui fait face, le tableau diffuse une influence qui parvient doucement à l'œil scrutateur ou à l'âme qui le côtoie.

Bien évidemment, la scène, le panorama, la couleur dominante, le graphisme du dessin — abstrait ou figuratif — détiennent unc importance capitale dans l'effet visé ou… volontairement ou involontairement créé.

Le Feng Shui et l'image

Pour influencer le Feng Shui, la dimension du tableau doit être conforme à l'environnement. Un tableau trop grand, un plafond peint, une fresque murale « écraseraient », aveugleraient l'individu se présentant dans sa proximité. À ses côtés, l'homme doit pouvoir respirer et le bon chi doit pouvoir circuler.

Important aussi, l'emplacement du cadre. Il doit être fixé à la hauteur des yeux ; pour qu'elle soit influente, l'image doit apparaître à notre vision sans effort.

Vigilance et bienveillance

Évitez les représentations ou emplacements qui pourraient susciter une « torture » de l'œil ou de l'âme. Attention aux peintures de guerre, images violentes, visages tourmentés, représentation de la blessure morale ou physique, couleurs qui suggèrent le malheur ou le chagrin, graphisme à la ligne stressante, etc. Un superbe bouquet, une somptueuse marine, vue de Venise, scène de fête, scène d'amour : voilà un bien meilleur choix !

Bien voir !

Bien entendu, il sera du meilleur effet de suspendre un tableau à l'adéquate représentation symbolique dans le secteur approprié. Par exemple, une peinture aquatique placée au secteur nord de votre bureau sera « améliorateur » de tous vos négoces et transactions financières.

Du noir et du blanc

À l'instar des ombres chinoises, d'un lavis, de l'abstraction des formes ou du purisme du trait, une image épurée est mille fois plus « directe », plus « parlante » qu'un tableau baroque aux couleurs écrasantes.

D'ailleurs, en contemplant l'idéogramme chinois, nous pouvons nous interroger : où commence la peinture, où commence l'écriture ?

Les plantes

L'épanouissement

Ne sommes-nous pas heureux de traverser une pièce garnie de fleurs fraîchement coupées et éclatantes de beauté ? Leur parfum répand déjà le bonheur…

Surtout lorsqu'elles sont bien ouvertes, les plantes et les fleurs deviennent pourvoyeuses de chi bénéfique et devraient sans conteste — pour favoriser le bonheur — remplir une maisonnée.

Le petit plus

Radieuses, épanouies, pleines de santé, les plantes, les fleurs suscitent l'émerveillement de la vie. Les plantes vertes sont considérablement bénéfiques, bien plus que les plantes fleuries. Tout comme les fleurs en pot demeurent plus favorables que les fleurs coupées. Toutefois, lorsqu'elles se fanent, le Feng Shui s'amoindrit et il faut changer de plante pour que l'harmonie soit garantie.

Une plante artificielle s'avère plus heureuse qu'un végétal qui se fane. Sachez encore que les fleurs séchées ne produisent aucun chi puisqu'elles n'ont plus de vie…

Le bon remède

Idéales pour « casser » l'arrête saillante d'un mur, voire d'un pilier ou de tout objet anguleux, les plantes détournent commodément le mauvais chi.

Faire pousser une plante grimpante ou suspendre une plante pendante (par exemple le fuschia) pour neutraliser un angle s'avère être la solution parfaite pour atténuer les effets néfastes de ces structures agressives mais souvent nécessaires.

Plus la plante est grasse, plus le Feng Shui est excellent.

Il est préférable que les feuilles soient les plus rondes possible, les feuilles pointues coupant le chi !

À éviter, bien entendu, les cactus ou les plantes à épines ou à feuilles tranchantes. La plante chinoise la plus opportune semble être la plante d'argent. Cette plante placée dans un salon accroît les rentrées d'argent…

La plante d'argent.

Les roses rouges se trouvent être d'admirables symboles d'amour pour le Feng Shui. Excellente pour activer votre souhait matrimonial, la pivoine, placée dans votre secteur mariage, favorisera la rencontre d'un ou d'une honorable partenaire aimant(e) et fidèle…

Très importante, la couleur est à considérer pour stimuler un secteur ou soutenir une énergie ; la représentation des fleurs peintes ou en soie se confirme être aussi bénéfique que la fleur fraîche en elle-même.

Le Feng Shui et le chi

COMMENT PURIFIER LE SHA

Comment s'en débarrasser

La vocation du Feng Shui est de favoriser l'énergie heureuse des lieux ; cependant, son autre fonction est de détourner le Shar chi, c'est-à-dire « le souffle qui tue ». Il existe une variété de solutions pour contrecarrer le *sha* — le mauvais chi — ou pour éviter de prendre de plein fouet les effets des flèches empoisonnées.

Par exemple, suspendre des flûtes ou des bambous creux, voire un carillon éolien aux tiges creuses, le long de poutres apparentes ou d'un angle de mur saillant, annule les mauvaises conséquences inéluctables.

Les plantes, avec de larges feuilles, atténuent les effets des colonnes ou des coins agressifs. Recouvrir un pilier de petits miroirs, c'est le dissimuler…

Vivre l'apaisement

Certaines roches comme certains végétaux sont appropriés pour repousser les assauts négatifs. Nous avons nous aussi en Occident nos talismans, nos amulettes, nos fétiches, souvent aussi quelques reliques que nous exposons dans notre maison.

Aussi, quelques signes dits « magiques » dégagent des vibrations fortes qui apportent le bien-être ou qui combattent l'infortune. Signes de protection ou de défense, ils sont également exploités dans la doctrine du Feng Shui.

Les Chinois peignent des charmes ou des symboles à l'extérieur de leur habitation pour repousser les voleurs, se protéger des agressions extérieures…

Le vaudou, version chinoise

Lorsqu'un individu est persuadé que le mal qui le poursuit provient d'une personne en particulier, celui-ci confectionne une figurine en argile à l'image de son « agresseur », inscrit son nom ou sa date de naissance et l'enterre dans un coin de son jardin pour l'empêcher de nuire.

S'il ne peut incriminer un être humain du malheur qui l'atteint, il enterrera une souris morte qui « combattra » les forces souterraines destructrices.

Un jeu de miroir

Bien entendu, il est bon de redire ici les bienfaits du miroir qui repousse le mauvais chi. Ce « retour à l'envoyeur » est sans doute la meilleure mais aussi la plus simple méthode pour balayer le sha de son environnement.

Comment activer le bon chi

Vivre dans la vie

S'entourer de ce qui est chaud, pétillant, éclatant, coloré, engendre une dynamique enjouée tendant à positiver tout genre d'entreprise.

Hormis l'éclairage qui demeure essentiel dans une habitation, d'autres accessoires peuvent améliorer le Feng Shui de votre environnement ; les voici :

- les plantes, les fleurs en soie ou fraîchement coupées, les aquariums ;
- les accessoires, gadgets ou objets à mouvement circulaire comme les lampes tournantes, les tables pivotantes, les portes battantes, les ventilateurs de plafond, les mobiles, les éoliennes, les girouettes, les moulins à vent, les jets d'eau tournoyants, un globe terrestre, etc. ;
- les couleurs ;
- les roches, les sculptures, le statuettes ;
- la musique, les carillons éoliens, les gongs, les cloches ;
- les objets creux et longs, comme le bambou ou les éoliens, orgues ou flûtes ;
- les miroirs, cristaux, lumières et réflecteurs de lumière, bref, tout ce qui brille.

À chacun son secteur

POUR LA CARRIÈRE

Le meilleur générateur qui soit reste l'aquarium puisqu'il est rempli d'eau et d'animaux vivants ; y introduire des poissons rouges en y ajoutant un noir pour absorber les énergies négatives est parfait. Évitez les poissons carnassiers !

POUR LA NOTORIÉTÉ

Accentuez la lumière dans le secteur sud de votre habitation. Plus l'éclairage sera vif, plus le Feng Shui sera favorable. Des objets ou fleurs rouges peuvent y être arrangés, tout comme moult statuettes de chevaux en marche.

LA RICHESSE

Des végétaux forts et sains dans vos secteurs sud et sud-est accentueront vos revenus. Un pêcher, par exemple, naturel ou artificiel, engendrera la richesse pour celui qui le possédera. L'eau, telle une fontaine ou un aquarium, favoriseront autant vos négociations et transactions financières. Des pièces de monnaie, sur votre bureau ou près de votre caisse enregistreuse, généreront du bénéfice dans vos affaires.

LE MARIAGE

Roses rouges pour l'amour, pivoines pour activer votre secteur matrimonial et cristaux placés dans le secteur approprié presseront vos réalisations. Un couple de canards mandarins, en bois ou en jade, dépêchent les noces.

LA FAMILLE

Dans votre secteur sud et sud-est, des fleurs ou des plantes amélioreront vos relations familiales ; un prunier en fleurs — même artificiel — créera des relations harmonieuses entre les membres de la maisonnée. Veillez à ce que ces végétaux soient toujours vivaces, ôtez feuilles et fleurs mortes. N'hésitez pas à changer votre plante si elle donne des signes de dépérissement. Écartez les plantes ou fleurs à épines dans cet espace de votre foyer.

LES ENFANTS

Pour apporter bien-être et harmonie à vos enfants qui s'épuisent trop vite dans leurs scolarité, apprentissage de la vie et nombreux jeux, des fleurs fraîches, ouvertes, joyeuses et colorées redonneront tonus au Feng Shui les enveloppant. Un globe terrestre près de leur bureau favorisera leurs connaissances.

Les variantes du Feng Shui

Les différentes théories

Savoir choisir

Différentes écoles, de nouveaux enseignements, perturbent un peu l'instruction classique du Feng Shui. Comment s'y retrouver ? Quelle doctrine adopter ?

En fait toutes les investigations sont valables, elles doivent seulement correspondre à l'état d'esprit de celui ou de celle qui le pratique.

Il est essentiel de se conformer à une seule et même méthode, au risque sinon, surtout pour le néophyte, de se confondre dans les incertitudes.

Il suffit de rester pratique en expérimentant tour à tour les préceptes puis en choisissant celui qui vous semble le plus efficace, voire celui avec lequel vous vous sentez le plus en affinités.

La diversité fait richesse

Il y a des formules complexes, des méthodes de nombres, des doctrines couplées avec l'astrologie chinoise, d'autres encore avec la morphopsychologie, avec les douze directions, avec les dates de naissance, etc. Il y a aussi l'école de la forme (se référer à la page 99) et l'école de la boussole (le Pa Kua, page 37)… Quelle abondance !

Indéniablement, l'étude du Yi King est propice à la pratique sérieuse du Feng Shui, elle en est même la source essentielle.

Des variantes originales

Bien d'autres méthodes sont associées au Feng Shui. Certains experts ont même pu expérimenter un rapprochement du Feng Shui avec les parties du corps, d'autres ont cherché une alliance avec le chiffre Kua (voir chapitre suivant) et la date de naissance de l'individu définissant une typologie nouvelle (l'astrologie Feng Shui), se lançant même dans le prévisionnel.

Bref, la meilleure méthode sera celle qu'intellectuellement vous validerez, celle que vous comprendrez, celle avec laquelle vous vous sentirez le plus d'affinités…

Le Pa Kua Lo Shu

Une fameuse association

Le Pa Kua et le carré magique rassemblés constituent une théorie intéressante : celle du Pa Kua Lo Shu.

Ces deux puissances symboliques ont tenté les experts du Feng Shui qui, en les associant, ont pu localiser quatre directions favorables et quatre défavorables (différentes pour chacun) en vue d'une meilleure répartition des pièces dans votre maison.

Pour repérer celles qui vous conviennent, il est bon de calculer votre nombre Kua ; la méthode de calcul est distincte en fonction du sexe.

Le nombre Kua

Attention :

- Pour faire ce calcul, vous avez besoin de vous ajuster sur le calendrier chinois, c'est-à-dire que si vous êtes né(e) en janvier ou début février, c'est-à-dire avant le Nouvel An lunaire, vous devez utiliser l'année précédente comme année de naissance.
- Il n'y a pas de chiffre Kua « 5 » : l'homme le remplacera par le « 2 » et la femme, par le « 8 ».

SI VOUS ÊTES UN HOMME :

1. Additionnez les deux derniers chiffres de votre année de naissance et réduisez-le à un seul chiffre si le total est égal ou supérieur à 10. *(Par exemple, né un 07.01.1969, vous devez choisir « 1968 » comme année pour calculer votre nombre Kua ; prenez ensuite 68 : 6 + 8 = 14. Le total est supérieur à 10, vous additionnez donc 1 + 4, la somme est 5).*
2. Soustraire ensuite ce chiffre à 10 pour obtenir votre chiffre Kua *(Reprenons notre exemple de cet homme né le 07.01.1969 qui obtenait un total de 5. Il faut déduire ce 5 de 10 soit 10 – 5 = 5 ! Rappelons-nous qu'il n'y a pas de chiffre Kua 5 et que l'homme doit utiliser le 2 en compensation. 2 est donc le chiffre Kua pour les hommes nés en 1968 ou en janvier 69 du calendrier chinois).*

SI VOUS ÊTES UNE FEMME :

1. Additionnez les deux derniers chiffres de votre année de naissance et réduisez-le à un seul chiffre si le total est égal ou supérieur à 10. (*Par exemple, née un 30.10.1978, vous prenez 78 : 7 + 8 = 15. Le total est supérieur à 10, vous additionnez donc 1 + 5, la somme est 6).*
2. Ajoutez 5 au total pour obtenir votre chiffre Kua. *(Reprenons notre exemple de cette femme née le 30.10.1978 qui obtenait un total de 6. Il faut ajouter 5 à ce 6 soit 5 + 6 = 11 ! Or ce nouveau nombre étant constitué de deux chiffres, il faut les additionner : 1 + 1 = 2. Le 2 sera donc le chiffre Kua pour les femmes nées en 1978 !)*

Lorsque vous êtes en possession de votre chiffre Kua, vous pouvez utiliser les représentations ci-dessous pour connaître vos directions favorables ou défavorables.

DIRECTIONS FAVORABLES ⇓	DIRECTIONS DÉFAVORABLES ⇓
Scheng Chi (SC) Tien Yi (TY) Nien Yen (NY) Fu Wei (FW)	Ho Hai (HH) Wu Kwei (WK) Lui Sha (LS) Chueh Ming (CM)

Les directions favorables

SCHENG CHI

Voici, par excellence, l'espace de la réussite, de la prospérité, de la bonne fortune et du succès ; vous pouvez y placer votre bureau.

TIEN YI

Le secteur santé à activer lorsqu'un membre de votre famille est malade ou a une faible constitution. En y installant votre cuisinière, qui va « chauffer » l'énergie, le Feng Shui se révélera favorable.

NIEN YEN

La vie familiale sera considérablement améliorée si vous installez dans cet espace la chambre du chef de famille. Les problèmes de couple et les disputes familiales devraient être épargnées.

FU WEI

L'harmonie est générale dans ce secteur ; Fu Wei attire le bonheur pour tous et une facilité d'existence.

Les directions défavorables

HO HAI

Ne rien placer dans cet endroit néfaste qui ne mérite que l'emplacement de balais ; endroit idéal pour un débarras.

WU KWEI

Mauvais secteur qui engendre des pertes et des vols ; placez-y les seules choses que vous pourriez laisser échapper sans regret : les déjections. Installez les W.C.

Lui Sha

Débarras ou emplacement des toilettes, ce sont les seules installations que vous pouvez faire dans cet espace voué aux déboires, aux maladies, ratages et mort.

Chueh Ming

Ne situer ici que ce qui peut s'échapper : laverie, salle d'eau ou toilettes. L'emplacement est dangereux et seule une cuisine aménagée en cet endroit peut neutraliser les mauvaises influences.

Conclusion

Vivre l'accomplissement du Feng Shui…

… Ou rencontrer l'Unité

L'harmonie est indispensable à notre équilibre de vie ; on la rencontre partout dans la nature, dans notre environnement, dans nos fréquentations, mais elle nous échappe si souvent !

Aussi faut-il savoir la retenir, l'engranger, pour en bénéficier à volonté…

Avec la connaissance…

Le Feng Shui aide à cette réalisation plénière et, quand on réfléchit à son système, on s'aperçoit qu'il est issu du savoir ancestral et la connaissance de chacun vis-à-vis de la nature.

Son efficacité résulte du bon sens de la doctrine, l'expérience ayant créé en grande partie ces notions.

Et l'évidence…

L'harmonie semble issue de la magie de l'être humain et de l'Univers. L'homme et la terre doivent s'épauler. Cette concordance prend vie avec le Feng Shui.

Tableau des années de naissance

Les éléments et les signes

Les années du Rat 子	Élément
31.01.1900 au 19.02.1901	Métal
18.02.1912 au 06.02.1913	Eau
05.02.1924 au 25.01.1925	Bois
24.01.1936 au 11.02.1937	Feu
10.02.1948 au 29.01.1949	Terre
28.01.1960 au 15.02.1961	Métal
15.02.1972 au 02.02.1973	Eau
02.02.1984 au 19.02.1985	Bois
19.02.1996 au 06.02.1997	Feu

Les années du Buffle 丑	Élément
19.01.1901 au 08.02.1902	Métal
06.02.1913 au 26.01.1914	Eau
25.01.1925 au 13.02.1926	Bois
11.02.1937 au 31.01.1938	Feu
29.01.1949 au 17.02.1950	Terre
15.02.1961 au 05.02.1962	Métal
03.02.1973 au 22.01.1974	Eau
20.02.1985 au 08.02.1986	Bois
07.02.1997 au 27.01.1998	Feu

Les années du Tigre 寅	Élément
08.02.1902 au 29.01.1903	Eau
26.01.1914 au 14.02.1915	Bois
13.02.1926 au 02.02.1927	Feu
31.01.1938 au 19.02.1939	Terre
17.02.1950 au 06.02.1951	Métal
05.02.1962 au 25.01.1963	Eau
23.01.1974 au 10.02.1975	Bois
09.02.1986 au 28.01.1987	Feu
28.01.1998 au 15.02.1999	Terre

Les années du Chat 卯	Élément
29.01.1903 au 16.02.1904	Eau
14.02.1915 au 03.02.1916	Bois
02.02.1927 au 23.01.1928	Feu
19.02.1939 au 08.02.1940	Terre
06.02.1951 au 27.01.1952	Métal
25.01.1963 au 13.02.1964	Eau
11.02.1975 au 30.01.1976	Bois
29.01.1987 au 16.02.1988	Feu
16.02.1999 au 04.02.2000	Terre

Les années du Dragon 辰	Élément
16.02.1904 au 04.02.1905	Bois
03.02.1916 au 23.01.1917	Feu
23.01.1928 au 10.02.1929	Terre
08.02.1940 au 27.01.1941	Métal
27.01.1952 au 14.02.1953	Eau
13.02.1964 au 02.02.1965	Bois
31.01.1976 au 17.02.1977	Feu
17.02.1988 au 05.02.1989	Terre

Les années du Serpent 巳	Élément
04.02.1905 au 25.01.1906	Bois
23.01.1917 au 11.02.1918	Feu
10.02.1929 au 30.01.1930	Terre
27.01.1941 au 15.02.1942	Métal
14.02.1953 au 03.02.1954	Eau
21.02.1965 au 21.01.1966	Bois
18.02.1977 au 06.02.1978	Feu
06.02.1989 au 26.01.1990	Terre

Les années du Cheval 午	Élément
25.01.1906 au 13.02.1907	Feu
11.02.1918 au 01.02.1919	Terre
30.01.1930 au 17.02.1931	Métal
15.02.1942 au 05.02.1943	Eau
03.02.1954 au 24.01.1955	Bois
21.01.1966 au 09.02.1967	Feu
07.02.1978 au 27.01.1979	Terre
27.01.1990 au 14.02.1991	Métal

Les années de la Chèvre 未	Élément
13.02.1907 au 02.02.1908	Feu
01.02.1919 au 20.02.1920	Terre
17.02.1931 au 06.02.1932	Métal
05.02.1943 au 25.01.1944	Eau
24.01.1955 au 12.02.1956	Bois
09.02.1967 au 29.01.1968	Feu
28.01.1979 au 15.02.1980	Terre
15.02.1991 au 03.02.1992	Métal

Les années du Singe	申	Élément
02.02.1908 au 22.01.1909		Terre
20.02.1920 au 08.02.1921		Métal
06.02.1932 au 26.01.1933		Eau
25.01.1944 au 13.02.1945		Bois
12.02.1956 au 31.01.1957		Feu
29.01.1968 au 16.02.1969		Terre
16.02.1980 au 04.02.1981		Métal
04.02.1992 au 22.01.1993		Eau

Les années du Coq	酉	Élément
22.01.1909 au 10.02.1910		Terre
08.02.1921 au 28.01.1922		Métal
26.01.1933 au 14.02.1934		Eau
13.02.1945 au 02.02.1946		Bois
31.01.1957 au 16.02.1958		Feu
17.02.1969 au 05.02.1970		Terre
05.02.1981 au 24.01.1982		Métal
23.01.1993 au 09.02.1994		Eau

Les années du Chien	戌	Élément
10.02.1910 au 29.01.1911		Métal
28.01.1922 au 15.02.1923		Eau
14.02.1934 au 03.02.1935		Bois
02.02.1946 au 21.01.1947		Feu
16.02.1958 au 07.02.1959		Terre
06.02.1970 au 26.01.1971		Métal
25.01.1982 au 12.02.1983		Eau
10.02.1994 au 30.01.1995		Bois

Les années du Sanglier 亥	**Élément**
30.01.1911 au 17.02.1912	Métal
16.02.1923 au 04.02.1924	Eau
04.02.1935 au 23.01.1936	Bois
22.01.1947 au 09.02.1948	Feu
08.02.1959 au 27.01.1960	Terre
27.01.1971 au 14.02.1972	Métal
13.02.1983 au 01.02.1984	Eau
31.01.1995 au 18.02.1996	Bois

TABLE DES MATIÈRES

Au catalogue Marabout

Sciences Parallèles

IMPRIMÉ EN FRANCE PAR BRODARD ET TAUPIN
6855W - Usine de La Flèche (Sarthe), le 22-10-1999.

pour le compte des
Nouvelles Éditions Marabout
D.L. novembre 1999/0099/184
ISBN : 2-501-03323-X

2817

MARABOUT